책세상문고 · 우리시대

코리아 인권
북한 인권과 한반도 평화

책세상문고 · 우리시대

코리아
인권

북한 인권과 한반도 평화

서보혁

책세상

해마다 봄이면 제네바로, 그리고 가을이면 뉴욕으로 국제
사회의 이목이 쏠린다. 봄에는 유엔UN(국제연합) 인권이사회
가, 가을에는 유엔 총회가 각각 이들 도시에서 열리기 때문이
다. 여기서 세계 각국의 인권 문제가 논의되는데, 탈냉전 이후
인권 문제에 대한 관심이 더 높아지면서 두 차례의 유엔 논의
는 전 세계 언론의 주목을 받고 있다. 사실 2006년 이후 유엔의
모든 회원국들이 인권이사회에서 자국의 인권 상황을 보고하
고 토론과 권고를 통해 인권을 개선하고자 논의를 벌이는 것
은 보편적정례검토Universal Periodic Review(UPR) 제도[1]가
도입되었기 때문이다. 이 제도는 인권의 보편성을 국제기구에
적용한 지혜의 산물이다.

각 나라의 인권 상황은 그 나라의 명예와 이미지를 결정하는
척도이다. 인권 수준이 높은 나라는 인권이사회 이사국이 된
다. 반면 인권 상황이 열악하다고 평가받는 나라는 유엔이 임
명하는 국가 인권 특별보고관으로부터, 특정 분야의 인권 상
황이 열악한 나라나 지역은 주제별 특별보고관(가령 식량권 특
별보고관, 고문 방지 특별보고관 등)으로부터 현장 접근을 포함한
협력을 요청받는다. 한국은 인권이사회 창설 당시 이사국이
되어 지금까지 그 지위를 유지하고 있다. 반면 북한과 관련해
서는 제60차 유엔 인권위원회의 결의에 의해 2004년 7월부터
북한 인권 특별보고관이 계속해서 활동하고 있으며, 식량권·

여성차별철폐·아동권 같은 주제별 특별보고관도 북한의 해당 인권 상황에 관심을 보여왔다. 그러나 북한은 이런 유엔의 인권 특별 절차를 불공정하고 정치적 의도가 있는 것으로 의심하며 협조하지 않고 있다.

북한 인권 문제는 탈북자나 국내외 북한 인권 관련 시민 단체들을 통해 심심치 않게 이야기될 뿐, 언론에서는 그리 자주 다루어지지 않는다. 북한 인권 문제가 이젠 우리에게 식상한 일이 되어버린 것일까? 실제로는 북한 인권 문제가 심각함에도 불구하고, 북한의 개선 의지와 능력 부족으로 그런 상황이 워낙 오래 지속돼온 탓에 우리가 무덤덤한 것인지도 모른다. 그러나 북한 인권 문제를 제기하고 개선을 주장하는 국제사회의 노력과 관련해서는 이야기가 다르다. 지난 10여 년 동안 서방 국가들을 비롯한 여러 나라와 유엔, 국내외 비정부 기구들은 결의안 채택, 보고서 작성 및 배포, 탈북자 증언, 캠페인, 북한 재외공관 앞에서의 시위, 대북 방송과 전단 살포, 심지어 북한 최고 지도자에 대한 국제형사재판소 제소 움직임 등 가능한 모든 방법을 동원해 북한 인권 개선을 위한 다양한 목소리를 내왔다.

그럼에도 불구하고 아직까지 북한 인권 상황은 크게 개선되지 않은 것으로 평가되고 있다. "빈 수레가 요란하다"라는 말이 여기에 적합한지는 모르겠으나 국제사회가 그동안 북한 인권에 깊은 관심을 가져온 것만은 사실이다. 그럼에도 기대한 만큼의 성과가 나타나지 않은 것은 왜일까? 북한 인권 상황에 대한 비판과 북한 인권 개선을 외치는 주장은 많았지만 그에 비해 현실적인 대안이 부족했던 것은 아닐까? 아니면, 일부에 지나지 않겠지만, 북한 인권 개선보다는 다른 목적을 추구하는 성동격서(聲東擊西)식 의도가 목소리 높은 주장 속에 섞여 있었던 것은 아닐까? 이쯤 되면 북한 인권 개선 활동에 참여해 온 이들은 모욕감을 느낄지도 모르겠다. 그러나 필자의 본의는 누구를 비난하려는 것이 아니라 국제사회가 전개해온 북한 인권 정책의 효과에 대한 중간 평가가 필요함을 말하려는 것이다. 그러므로 지금 중요한 것은 북한 인권이 '얼마나' 심각한지를 알리는 것보다 '어떻게' 하면 북한 인권을 '실제로' 개선할 수 있을지 고민하는 것이다.

물론 특정 국가의 인권 상황이 열악하다면 일차적 원인은 당연히 그 나라 안에 있을 것이다. 따라서 북한 정권에 인권 상황의 개선을 촉구하는 것은 당연하다. 필자 역시 북한 인권 문제의 일차적 책임은 북한에 있다는 것에 전적으로 동의한다. 다만 필자의 관심사는 북한 인권의 실태나 원인이 아니라, 효과적인 북한 인권 정책을 수립하기 위한 하나의 전제로서 기존의 정책을 분석하고 평가하는 것이다. 행정학 용어로 말하면 정책 평가론에 가까운 논의이다.

이 자그마한 책을 통해 필자는 '북한 인권 정책의 과잉'과 '북한 인권 개선의 빈곤' 사이의 간극을 살펴보고자 한다. 간단치 않아 보이는 이 문제를 생각하면서 다음과 같은 세 가지 문제의식을 가지게 되었다.

첫째는 국제 인권 제도에 대한 이해와 활용의 문제이다. 사실 우리는 인권이라는 말을 너무나 자명하고 당연한 것으로 생각하지만, 인권을 어떻게 규정하고 어떻게 바라보는지 얘기를 나눠보면 저마다 각양각색이다. 또 유엔을 중심으로 형성·발전돼온 국제 인권 제도에 대해서도 대부분의 사람들은 제대로 알지 못한다. 제도를 충분히 이해해야만 관련 규범과 절차 및 기구를 실제 인권 개선에 십분 활용할 수 있을 것이다. 인권은 다양한 측면과 속성을 갖고 있을 뿐 아니라 다른 규범과의 연관성을 갖고 있다. 그런데 개인의 관심사나 목적에 따라 일면적으로만 이해될 위험이 있다. 가까운 예로 '인권은 보편적이다'라는 명제는 어떤 의문도 없는 자명한 것으로 보이지만 잘못 이해하면 엉뚱하게 적용하는 우를 범할 수 있다. 앞으로 살펴보겠지만 북한 인권 관련 활동에서도 그런 측면을 찾아볼 수 있다. 물론 상식적으로 동의하기 어려운 행동을 인권의 보편성으로 정당화하는 경우는 논할 가치도 없지만 말이다.

둘째는 북한 인권에 대한 총체적이고 균형적인 이해의 문제이다. '북한 인권'='북한+인권'. 말장난 같은 이 등식은 대단히 복합적인 의미를 담고 있다. 필자를 포함해 우리는 국제사회의 구성원으로서 인권의 보편성에 기반하여 북한 인권 문제를 바라볼 수 있다. 그러나 우리는 북한 사람이 아니므로 그것은 국내 인권 문제를 다루는 것과는 큰 차이가 있다. 남북은 서로 다른 인권관을 갖고 있고, 북한 인권 문제에 대해 북한과 국제사회(남한 포함)는 적지 않은 견해 차이를 나타내고 있다. 여기서 여러 문제가 발생할 수 있다. 외부인인 우리의 북한에 대한 인식과 판단, 인권 개선 방법이 북한의 인권관이나 인권 정책과 조화를 이룰 수도 있지만 현실적으로 많은 충돌이 있을 것이다. 더욱 문제가 되는 것은 북한과 국제사회의 접촉이 극히 제한적이라는 점이다. 또 우리가 갖고 있는 북한 관련 정보들이 모두 사실에 부합하는지, 그리고 그 정보가 북한의 인권 문제를 온전히 담고 있는지 자신 있게 답하기가 쉽지 않다. 이런 한계 속에서 국제사회가 북한 인권 문제를 판단하고 접근할 때 치우침과 성급함이 스며들 여지가 없다고 말할 수 있을까? 북한이든 국제사회의 어떤 나라든, 북한 인권 문제를 국가 또는 정권의 이익 차원에서 접근한다면 혹독한 비난을 피할 수 없을 것이다. 또한 북한 인권을 그저 국제 인권 규범이 적용되는 하나의 대상쯤으로 여기는 단순함도 허용할 수 없다. 여기서 필자의 기본 입장은 북한 인권에 대한 관심과 북한 인권을 개선할 의지와 용기가 있다면 한편으로 자신이 속한 공동체의 인권 개선에도 참여하고, 다른 한편으로 북한 인권 관련 활동을 성찰하는 자세를 가져야 한다는 것이다. 이 둘은 북한 인권 정책에 참여하는 주체의 자격 요건일 뿐만 아니라 실효적인 북한 인권 개선에 요구되는 필수 조건이다.

셋째는 북한 인권 개선과 관련해 남한이 어떤 위상과 역할을 갖는 것이 적합한가 하는 문제이다. 세간의 평을 들어보면 이명박 정부 이전 10년 동안의 '민주 정부'는 북한 인권 문제에 소극적이었고, 심지어는 침묵했다는 지적까지 있다. 사실 김대중 정부는 전쟁과 분단 이후 반세기 이상 적대와 대립으로 점철해온 남북관계를 화해와 협력의 방향으로 전환했고, 노무현 정부는 그것을 계승해 전반적인 남북관계를 제도화하려는 정책 기조를 유지했다. 이는 누구도 부정할 수 없는 시대적 과제였다. 그럼에도 수준 높은 남북관계의 회복과 통일의 미래를 생각할 때 북한 인권 개선 또한 중요하다는 것은 부인할 수 없다. 그에 비해 이명박 정부는 이전 정부의 대북 포용 정책에 비판적인 여론의 지지를 받아 등장했기 때문에 남북관계 개선 그 자체보다는 북한의 바람직한 변화에 초점을 두고 대북 정책 방향을 재설정했다. 그런 맥락에서 북한 인권 문제는 정책적으로 비중이 높아졌고, 남한 정부는 국제사회와의 공조를 통해 북한 인권 개선에 적극적인 자세를 보였다. 그러나 이로 인해 남북 대화가 단절되면서 오히려 남한이 북한 인권 문제에 개입할 여지가 줄어들었다는 지적이 일기도 했다. 그런 차이에도 불구하고 현 정부나 전임 정부나 할 것 없이 남한은 북핵 문제 해결을 비롯한 한반도 평화 정착을 대북 정책의 핵심 과제로 삼고 있기 때문에 북한 인권 정책의 비중이 제약을 받을 수밖에 없는 현실이다.

여기서 두 가지 질문이 자연스럽게 생긴다. 하나는 북한 인권 개선과 남북관계 발전이 선후의 문제인가 하는 것이고, 다른 하나는 이 두 과제를 추진함에 있어 소위 민족 공조와 국제 공조가 양자택일의 문제인가 하는 것이다. 사실 남한 정부의 일관된 대북 정책의 기조는 '평화 정착'과 '통일 환경 조성'이다. 민족 공조와 국제 공조는 이를 추진하는 두 수레바퀴이지 정권의 정책 성향에 따라 취사선택할 문제가 아닐 것이다. 나아가 그와 같은 대북 정책 방향 속에서 남북관계 발전과 북한 인권 개선은 선후, 경중의 문제가 아니라 상호 보완하며 병행 추진해나가야 할 과제로 삼아야 할 것이다. 남한에게 북한 문제는 바람직한 민족 통일을 준비하는 측면과 국제사회의 보편적 가치를 한반도에 실현하는 측면에서 동시에 의미를 지닌다. 북한 인권 문제 역시 이 두 가지 측면을 모두 갖고 있다.

　북한 인권을 개선하기 위해서는 북한의 태도와 행동 변화가 반드시 필요하다. 이때 국제사회는 무슨 역할을 할 수 있을까? 그동안 국제사회는 유엔 안팎에서 북한 인권의 실태를 공개하며 북한 정부에 인권 개선을 촉구하고, 탈북자를 보호하며 북한 인권 개선을 위한 네트워크를 만들어왔다. 그런 공론화 과정을 거쳐 이제는 실효를 거둘 수 있는 인권 개선 방법을 강구할 때이다. 이를 위해서는 먼저, 그동안 전개해온 북한 인권 정책을 객관적이고 겸허하게 되돌아보아야 한다. 북한 인권 문제를 다루면서 보편적 인권에 대한 인식이 진정 보편적이었는지, 북한 인권 개선을 위해 국제사회가 만들어온 국제 인권 제도를 충분히 활용해왔는지 평가해볼 필요가 있다. 당연히 성과와 오류가 함께 있을 것이고 따라서 계승과 개선이 동반되어야 한다. 그동안 북한 인권 정책(혹은 운동)은 앞만 보고 달려오느라 성찰과 평가의 기회가 부족했다고 본다. 따라서 본문에 담고 있는 이야기는 북한 인권에 대한 특정 정치 세력 혹은 단체의 입장을 대상으로 한 것도, 필자의 주관을 주장하려는 것도 아님을 밝혀둔다. 그동안의 북한 인권 정책은 인권의 보편성 명제와 실효적 개선이라는 두 가지 관점을 모두 고려하여 평가해야 할 것이다. 특정 국가의 인권 문제를 논할 때는 거기에 관여하는 외부 행위자의 시각과 행위 역시 중요하게 같이 다뤄야 한다. 인권의 보편성을 명분으로 다른 곳의 인권 문제에 접근하면서 자신이 속한 공동체의 인권 상황은 논외로 하고 상대의 인권 문제를 대상화해 부각시킨다면 과연 인권의 보편성에 부합한다고 할 수 있을까? 하물며 우리와 이념이 다른, 우리가 적대하는 상대의 인권 문제라면 진정성을 가지고 더욱 신중하고 세심한 자세로 임해야 하지 않을까?

이 책은 주로 북한 인권의 실효적 개선이라는 관점에서 기존의 북한 인권 정책을 평가하고 있지만, 초점은 남한의 역할을 중심으로 그 대안을 생각해보는 데 있다. 남한이 북한 인권 문제를 대하는 두 가지 측면을 위에서 언급했지만 그것이 원론 수준에서 그친다면 북한 인권 개선에 크게 기여하지 못할 것이다. 이제는 대안이다. 현실적이고 실천 가능한 대안이 필요하다. 대안의 부재를 주의 주장으로 채우는 일은 이제 불필요해 보인다. 북한 인권 문제를 놓고 보편과 특수, 강경과 온건, 국제 공조와 민족 공조 사이에서 널뛰는 것도 시효가 만료되었다고 본다. 남한에게 북한 인권은 양질의 통일을 준비하는 데 필요한 핵심 콘텐츠이자 남한의 현실을 비추어주는 거울이 될 것이다. 남한이 북한 인권 문제에 주체적인 입장을 갖고 임하되 실질적인 개선을 선도해야 하는 이유가 여기에 있다. 필자는 그런 지향을 가지고 이 책을 썼고 그것을 이루는 데 이 책이 작은 보탬이 되기를 바란다.

본문에서는 앞에서 언급한 세 가지 문제의식을 구체적으로 다룰 것이다. 제1장에서는 국제 인권 제도의 현황과 발전 추세를 다루는데, 북한 인권 정책에서도 이 내용을 십분 활용할 필요가 있다. 1절에서는 인권의 원리를 다루면서 국가의 책임도 함께 다룬다. 2절에서는 유엔을 중심으로 국제 인권 제도를 살펴보면서 북한 인권 개선에 이용할 수 있는 매뉴얼과 수단을 둘러본다. 3절에서는 국제 인권 논의에서 토대가 되고 있는 인권의 성격을 살펴보는데, 최근의 논의 추세인 인권과 여타 보편 가치의 관련성이 인권 이해와 증진에 중요함을 이야기할 것이다.

제2장에서는 국내외에서 전개된 기존의 북한 인권 관련 논의와 정책을 평가해 좀 더 나은 북한 인권 정책 수립을 위한 교훈으로 삼고자 한다. 1절에서는 국내외에서 전개해온 북한 인권 정책을 소개하면서 평가를 곁들일 것이다. 국내의 주요 활동 주체로는 정당, 시민 단체, 국가 인권 기구를 다루고, 해외의 주요 활동 주체로는 주요 국가, 유엔 그리고 비정부 기구의 활동을 다룬다. 2절에서는 북한 인권 정책을 전개하면서 주로 남한 정부와 정치사회 및 시민사회에서 부각되어온 북한 인권 문제를 둘러싼 쟁점을 분류해 소개할 것이다. 3절에서는 이상의 북한 인권 정책에서 나타난 문제점을 다섯 가지로 제시하고 이를 기초로 대안적 북한 인권 정책을 고찰할 것이다.

이 책은 비판과 대안을 함께 추구한다. 이 책의 핵심인 제3장에서는 '코리아 인권'을 제기하며 실효적 북한 인권 개선 방안과 그 속에서의 남한의 적극적 역할을 생각해본다. 1절에서는 인권에 대한 기본 시각과 정책, 실태 등의 측면에서 남북한의 인권을 간략히 비교하고, 이를 코리아 인권의 개념적 기초로 삼을 것이다. 2절에서는 코리아 인권의 필요성을 과거를 회고하고 미래를 전망하며 몇 가지로 제시한다. 3절에서는 코리아 인권의 방향을 제시한다. 구체적으로 남북 인권 협력의 틀 속에서 정부, 시민 단체, 국가 인권 기구 사이의 역할 분담을 남북관계의 발전 단계를 고려해 제시한다.

맺는 말에서는 코리아 인권론의 의의와 과제를 이야기한다. 미리 밝히자면 '코리아 인권'은 기존의 북한 인권 정책의 성과에 기초하되 그 문제점을 비판하고, 국제 인권 제도를 바탕으로 남북이 협력하는 인권 개선의 길을 제시한다. 이를 통해 독자들은 북한 인권을 둘러싼 우리 사회 내부의 논란이 상당 부분 소모적이고 불필요한 정쟁의 대상이었으며, 따라서 새롭고도 생산적인 북한 인권 논의가 필요하다는 점을 알 수 있을 것이다. 이 책이 이러한 논의에 작으나마 중요한 촉매가 되기를 기대한다.

마지막으로, 이 책은 한국연구재단의 '세계 수준의 연구중심 대학(WCU) 육성사업'의 일환인 이화여대 '적극적 평화로 가는 길' 사업단의 후원을 받았음을 밝혀둔다. 연구 기회를 주신 박경서 석좌교수(전 대한민국 초대 인권 대사)께 감사한다. 함께 공부하며 살아가는 이나미의 인내와 기도에도 고마움을 전하고 싶다.

제 1 장

국제 인권 제도의
현황과 추세

이 장에서는 오늘날 보편적으로 받아들여지고 있는 인권의 원리를 살펴보고, 인권 신장을 위해 국가가 감당해야 하는 책임을 함께 생각해보고자 한다. 이를 통해 인권과 국가의 관계를 성찰해볼 수 있으리라 기대한다. 또 실질적인 인권 신장을 위해 국제사회가 시행하고 있는 법 제도가 무엇인지 살펴봄으로써 국제 인권 기구의 역할을 이해해보고자 한다. 그러나 필자가 이 장에서 강조하는 것은 인권은 다른 보편 규범들과의 상호 연관성에 의해 발전해왔고, 앞으로도 인권이 계속 발전하는 한 그 상호 연관성을 유지해나갈 것이라는 점이다.

1. 인권의 원리와 국가의 책임

(1) 인권의 원리

인권이란 무엇인가? 민주주의 제도가 다양하게 진화하고 그에 따라 대중의 권리 의식이 확대되어온 추세를 감안하면 인권을 정의하는 것이 과연 가능한지 의문이 생길 정도이다. 사회 변화와 대중의 권리 의식 증대에 따라 인권의 범위는 확대되어왔다. 따라서 인권의 범주를 정하는 것은 무의미하고 비현실적인 일이라고 말할 수도 있다. 그럼에도 (지금까지 인류가 거쳐온 민주주의의 발전 과정을 고려하면서) 인권을 정의하는 것은 충분히 가치 있는 일이다. 유엔 인권고등판무관실The

Office of the United Nations High Commissioner for Human Rights(UNOHCHR)[2]이 발간한 책자를 보면 인권을 이렇게 규정하고 있다. "인권은 일반적으로 인간의 타고난 권리로 인식되고 있고, 인권이라는 개념은 모든 개개 인간이 인종, 피부색, 성별, 언어, 종교, 정치적 혹은 기타 의견, 민족 혹은 사회적 기원, 재산, 출생 및 기타 지위에 대한 구별 없이 자신의 권리를 누릴 자격이 있음을 인정하고 있다."[3]

오늘날 인권은 모든 국가와 모든 사람이 공유하는 보편적 가치로 인정되고 있다. 독재자조차도 말로는 인권 보호를 지지하고 국제적 비난이나 고립을 피하기 위해 형식적 차원에서나마 인권 관련 법률과 제도를 만들기도 한다. 그것은 인권이 갖고 있는 다음과 같은 특징을 누구도 부정하지 못하기 때문이다. 인권은 개인의 존엄과 가치 존중을 바탕으로 하고, 모든 사람에게 평등하게 차별 없이 적용되는 보편성을 띠며, 유죄 판결을 받은 사람이 시민적·정치적 권리(이하 자유권이라 함) 일부를 제한받는 것과 같은 특정 상황을 제외하고는 양도할 수 없고, 서로 나눠 가질 수 없고 오히려 상호 연관되어 상호 의존적이다. 어떤 인권은 존중하고 다른 어떤 인권은 무시하는 것은 옳지 않다. 실제 어떤 하나의 권리를 무시하면 거기에 그치지 않고 다른 권리들을 존중하고 보호하는 데에도 부정적인 영향을 미칠 수 있다. 그러므로 모든 인권은 모든 인간의 존엄과 가치를 존중하는 데 똑같이 중요하고 똑같이 필수적이다. 1968년 테헤란 세계인권대회 선언문은 "자유권의 전면 실현은 경제적·사회적·문화적 권리(이하 사회권이라 함)의 향유 없이는 불가능하다"라고 밝힌 바 있고, 1993년 빈 세계인권대회 선언 문도 두 가지 인권(자유권과 사회권)이 "공정하고 균등한 방식으로 다뤄져야 한다"라고 밝혔다. 또 인권에는 개인적 차원과 집단적 차원이 있는데, 서양은 개인적 차원을 강조하는 데 비해 동양은 집단적 차원을 강조하면서 서로 다른 측면을 소홀히 여긴다는 지적이 있어왔다. 그러나 이러한 현상은 역사적으로 그 사회의 지배 집단이 이익을 추구했기 때문에 나타난 결과일 뿐 인권의 본질적인 특징은 아니다. 동서양 할 것 없이 모든 사회에서 노동자, 농민, 유색 인종, 여성, 아동, 장애인, 외국인 등 그 사회의 소수자 집단에 속한 대중이 스스로 권리 의식을 갖고 투쟁을 통해 권리를 점차 획득해온 것이다. 그래서 어떤 학자는 이상과 같은 인권의 특징을 자연성, 평등성, 보편성으로 요약한 바 있지만 그는 인권이 현실에서 의미를 가지려면 정치적 지위를 획득해야 한다는 점을 잊지 않고 강조한다.[4]

인권은 인권법에 의해 법적으로 보장되고, 근본적 자유와 인간 존엄성을 훼손하는 행위에 맞서서 개인과 집단을 보호한다. 인권은 조약, 관습법, 일련의 원리와 다른 법적 근거에 표현되어 있다. 인권법은 국가가 특정 방법으로 인권 보호에 나서도록 의무를 부과하는 한편, 국가가 인권을 침해하지 않도록 국가의 행동 범위의 한계를 정하기도 한다. 그러나 인권법 자체가 인권을 만들지는 못한다. 인권은 인간이라는 사실 그 자체로 모든 사람에게 부여된 태생적 권리라는 인식이 확산되어왔기 때문이다. 조약이나 기타 법적 근거는 인권 향유의 권리를 억압하는 정부의 처사에 맞서 개인과 집단의 권리를 공식적으로 보호하는 데

의의가 있다. 인권이 천부적이라는 인식이 확산되고 인권법을 제정·시행한다고 해서 실제 그만큼 인권이 신장되었다고 말하기는 어렵다. 오히려 그보다는 인권 보호와 그 적용 범위의 확대를 바라는 인간의 기대치가 높아진 것이라고 보는 게 맞을 것이다. 고문이 가장 악명 높은 인권 침해 행위라는 인식은 20세기 이전에도 있었지만 그것을 근절하자는 국제법적 합의, 즉 고문방지협약은 1984년에, 이 협약의 선택의정서[5]는 2002년에 발효되었다. 이처럼 의식과 현실은 괴리가 있다.

 (2) 국가의 책임

 인권에게 국가는 야누스와 같은 이중적 존재이다. 국가는 정권 유지와 기득권 집단의 이익을 위해 인권을 침해할 잠재성이 가장 큰 행위자이다. 두 차례의 세계대전과 발칸 반도와 아프리카에서 일어난 '인종 청소'[6]에서 볼 수 있듯이, 전쟁이 일어나거나 그에 버금가는 비인도적 행위가 자행되면서 대규모 인권 침해가 빚어졌다. 국가 또는 준국가 집단은 이러한 비극적 사건에 직접 관여한 당사자이다. 그런데 아이러니하게도 국가는 제반 인권을 보호해야 할 의무도 지고 있다. 국가는 인권 보호를 위해 법 제도를 제정하고 관련 기구를 설립하고 예산을 배정해 인권 보호 정책을 실시할 수 있다. 특히 사회권 증진에서 국가의 역할은 대단히 크다. 그렇다고 해서 국가가 자유권 보호를 소홀히 하는 것이 정당화될 수는 없다. 자유권은 국가권력으로부터 멀어질수록 더 신장되고 사회권은 상대적으로 국가의 개입을 더 필요로 하는 특징이 있다. 즉 국가는 '자유권에 대해서는 소극적 의무'를 띠고 '사회권에 대해서는 적극적 의무'를 띤다고 말하기도 한다.[7] 그러나 이러한 구분을 두 가지 인권 보호에 있어서 국가의 역할이 크다, 작다는 식으로 오해해서는 곤란하다. 왜냐하면 모든 인권은 일련의 '적극적·소극적 의무'를 포함하고 있기 때문이다. 여기서 중요한 것은 인권 신장과 관련한 국가의 행동 범위의 한계를 정해주는 것이다. 인권 신장을 위해 국가가 취해서는 안 될 행동을 분명히 밝혀두는 것이 국가가 인권 신장의 책임과 의무를 다하기 위한 출발점이다. 그리고 언론과 시민 단체는 이를 부단히 감시하고 비판해야 한다. 인권이란 특정 정치 체제를 초월해 국가가 넘어서는 안 되는 경계를 뜻하기 때문이다.[8] 즉 인권이 모든 정치 체제가 준수해야 할 규범적 공통분모라고 한다면 국가는 그 기준을 사회 전체에 제시하고 그 기준의 유지를 책임지는 한편 스스로 인권을 침해하지 않고 보호할 의무를 이행한다.

국제인권법은 국가가 인권을 존중하고 보호하고 이행할 의무를 갖는다고 분명히 밝히고 있다. 예를 들어, 유엔 사회권규약위원회는 모든 사회권은 다른 인권과 마찬가지로 존중·보호·이행의 의무를 포함하고 있다고 말하며 국가의 의무를 세 가지로 제시하고 있다. 첫째, '존중의 의무'는 어떤 특별한 자유나 권리의 향유에 국가가 부당하게 개입하는 것을 방지하는 데에 초점을 맞춘다. 국가가 국민에게 간섭하지 말 것이 요구되는 것이다. 반면 간섭을 방지하기 위해 국가가 적극적인 조치를 취해야 할 경우도 있다. 예컨대, 국가기관이 어떤 특정 행위를 금지하거나 의무를 위반하면 손해 배상을 하는 등의 조치를 취해야 한다. 둘째, '보호의 의무' 아래에서, 국가는 개인 혹은 집단의 정당한 권리 향유가 제3자에 의해 부당하게 방해받을 때 이를 저지할 책임이 있다. 그러므로 여기에서 제3자의 권리 침해를 보호하기 위한 국가의 예방·중지·구제·처벌 등의 의무가 강조된다. 셋째, '이행의 의무'란 국가가 권리 실현을 촉진하고 필요한 자원을 제공하며 권리 수준을 증진해야 한다는 것이다. 이것은 권리 실현 방법이 제한적이거나 존재하지 않을 때 특히 더 부각되는 국가의 의무이다. 그러한 상황에서는 국가에게 사회권 전반에 대한 접근 향상을 가져올 수 있는 적극적 역할이 기대된다.[9] 국가의 이런 의무는 자유권에도 그대로 적용된다. 인권은 서로를 보완하고 강화하는 관계에 있기 때문이다.

대부분의 인권이 국가에 의해 그 영토 안에 있는 사람들에게 보장되고, 일부 인권은 국가에 의해 특정 집단에게만 보장된다. 가령, 선거권은 해당 국가의 시민에게만 부여된다. 국가는 영토 안에 있는 사람들의 권리를 해치는 처사에 맞서는 조치를 취할 의무는 물론, 인권 침해를 당한 사람들에게 효과적인 대책을 제공함으로써 인권 보호를 위한 적극적인 방법을 취할 의무도 갖는다.

물론 국제법 아래에서도 특정 인권의 향유는 특정 환경 안에서 제한될 수 있다. 예를 들어, 공정한 재판 결과 개인이 유죄 판결을 받았을 때 국가는 그 사람을 가둠으로써 이동의 자유를 법적으로 제한할 수 있다. 자유권 제한은 그 제한이 법적인 결정에 근거하고 타인의 권리를 인정하면서 도덕, 공공질서 유지와 같은 정당한 요구를 충족하는 목적을 지닐 때에만 가능하다. 사회권도 법적으로 제한될 수 있지만 그 제한은 앞에서 살펴본 인권의 특징을 훼손하지 않고 전반적 복지 증진을 위할 때만 가능하다.

2. 국제 인권 제도의 발전 과정

(1) 국제인권법의 발전

1946년 유엔 총회가 근본적 권리와 자유에 관한 선언을 기초해줄 것을 유엔 인권위원회에 요청하자, 인권위원회는 초안위원회를 구성해 선언문과 인권 규약 초안을 만들어 총회에 보고했다. 2년이 넘는 검토 과정을 거쳐 1948년 12월 10일 '세계인권선언Universal Declaration of Human Rights'이 채택되었다. 이어 유엔 인권위는 완성하지 못한 인권 규약 초안을 계속해서 작성해나갔고, 그 과정에서 총회는 1950년 자유권과 사회권이 상호 연관되어 있고 상호 의존적이라는 내용의 결의안을 채택했다. 이어 총회는 오랜 논쟁 끝에 인권위에 '시민적·정치적 권리에 관한 국제협약'(ICCPR, 일명 자유권규약)과 '경제적·사회적·문화적 권리에 관한 국제협약'(ICESCR, 일명 사회권규약) 초안을 각각 만들어줄 것을 요청했고, 그 후 인권위가 두 규약의 초안을 제출하자 결정에 앞서 세계 각국의 인권 전문가와 외교관들에게 초안을 검토하도록 했다. 이 두 국제 인권 규약은 면밀하고 오랜 검토 끝에 1966년에야 채택되었으며, 세계인권선언과 함께 '국제인권장전'으로 불리고 있다. 국제인권법은 이 인권장전의 제정을 시작으로 인종차별철폐협약(1965년 채택), 여성차별철폐협약(1979년), 고문방지협약(1984년), 아동권리협약(1989년), 이주노동자보호협약(1990년), 강제실종자보호협약(2006년), 장애인권리협약(2006년)과 관련 선택의정서가 채택되면서 점차 확대·발전해왔다. 그러나 국제 인권 규약의 확립은 일정 수의 국가들의 비준을 통해 국제법적인 효력이 발휘되고, 각국의 헌법과 관련 법률 제정을 통한 대내적 이행이 따를 때에야 이루어지는 것이다.

이렇게 인권은 국제인권법을 통해 공식적으로 표현된다. 국제인권법은 주로 선언, 가이드라인, 원칙, 조약과 관습법으로 구성된다. 일련의 국제 인권 조약과 기구들이 1945년 이후 등장하면서 인권에 법적 형식을 부여했다. 그리고 유엔이 창설되면서 국제 인권 기구의 발전과 채택을 위한 공간이 마련되었다. 또 지역 협력 기구들도 만들어져 역내 인권 문제에 대한 관심이 일어났다. 대부분의 국가들이 기본적 인권을 보호하는 헌법과 법률을 채택했다.

물론, 합법적이거나 이미 공포된 비상사태에서 국가는 특정 권리의 향유를 제한하거나 중단시키는 조치를 취할 수도 있다. 그러나 그것은 단지 위급할 때에 한해서만 허용되고 인종, 피부색, 성, 언어, 종교 혹은 사회적 출신에 따른 차별로 이어져서는 안 된다. 권리에 대한 모든 침해는 유엔 사무총장에게 보고해야 한다(자유권규약 제4조 3항[10]). 그러나 전쟁과 무장 갈등 상황 등 비상사태에서도 무시될 수 없는 권리가 있다. 이러한 권리에는 생명권, 고문으로부터의 자유, 노예 상태로부터의 자유, 사상·양심·종교의 자유가 포함된다. 전쟁과 위기 발생을 이유로 근본적 권리 침해가 정당화될 수 없다는 말이다.

국제적 차원에서 인권에 관한 관심이 급격히 증대한 것은 양차 대전을 치르면서 발생한 대량 인명 살상 때문이었다. 유엔 헌장은 전문에서 "두 번이나 말할 수 없는 슬픔을 인류에게 가져온 전쟁의 불행에서 다음 세대를 구하고, 기본적 인권, 인간의 존엄과 가치"를 달성할 것을 밝히고, 제1조 3항에서는 "모든 사람의 인권 및 기본적 자유에 대한 존중을 촉진하고 장려하기 위한 국제 협력"을 유엔 창설의 목적 중 하나로 명시하고 있다. 이제 인권 존중과 평화 달성이 불가분의 관계에 있다는 것이 자명해졌다. 또 인권은 무장 갈등 상황에서도 존중되어야 한다.

국제인도법도 인권 보호와 깊은 관련이 있다. 국제인도법[11]은 무장 갈등 상황에서 인간의 고통을 줄이고 잔혹 행위를 방지하기 위해 국제사회가 합의한 일련의 원칙과 규범이다. 국제법의 일부로 간주되는 국제인도법은 국제 협약과 관습법으로 구성되는데, 분쟁 국가나 중립국의 전쟁포로와 민간인을 보호하고, 분쟁 당사자들 간의 분쟁의 수단과 방법을 제한한다는 목적을 갖고 있다. 1864년 부상 군인 치료를 위한 12개국의 서명으로 시작된 제네바협약은 오늘날 국제인도법의 기초를 닦았다. 1874년의 국제회의와 1899년, 1907년의 헤이그 평화회의도 중요한 기초가 되었다.[12] 여러 제네바협약에 공통되는 것은 무장 갈등에 연루된 당사자들이 준수해야 할 최소주의 규칙을 담은 제3조이다. 이 조항은 적대 행위에 참여하지 않는 사람들은 모든 환경에서 불리한 차별 없이 인간적인 대우를 받아야 하고 부상자와 환자는 보호받아야 한다고 밝히고 있다. 또 다른 국제인도법은 무장 갈등 시 문화재를 보호하고, 과도한 부상과 무차별 피해를 초래하는 재래식 무기와 생화학 무기의 사용을 금지할 것을 다루고 있다. 1995년에 레이저 무기 사용 금지를 위한 선택의정서가 채택되었고, 1997년에는 대인 지뢰 금지를 위한 선택의정서가 채택[15]되었다.

국제인도법과 국제인권법은 오랫동안 별개의 국제법 영역으로 간주되어왔다. 국제인권법은 개인의 권리와 자유를 보호하기 위한 국가의 행위 기준을 제시하는 데 비해, 국제인도법은 전쟁 희생자들을 보호하는 기준과 적대 행위의 조건을 제시하는 법으로 이해되어왔다. 달리 말해, 인권법은 비상사태와 무장 갈등 상황에는 적용이 어려운 것으로 인식되었다. 이러한 입장을 가진 사람들은 자유권규약이 국가 생존을 위협하는 비상 상황에서는 일부 자유권을 일시적으로 무시할 수 있다는 조항을 거론한다. 그러나 대부분의 국제인권법의 조항들은 무장 갈등 상황에도 적용된다.

인권은 평화와 안보에 필수적이기 때문에 무장 갈등 상황에서도 인권 보호는 우선 과제이다. 1966년 당시 우 탄트U Thant 유엔 사무총장은 무장 갈등 상황에서 국제 인권 기구가 인권을 보호하는 정도를 조사했는데, 그 결과 국제인권장전과 같은 주요 인권 규약이 제네바협약보다 인권을 더 폭넓게 보호한다는 사실이 밝혀졌다. 이러한 사실은 1968년 테헤란 세계인권대회와 1970년 유엔 총회에서 채택된 일련의 결의안에 반영되었는데, 근본적 인권은 무장 갈등 상황에서도 변함없이 적용된다는 것이다. 마찬가지로, 1993년 빈 세계인권대회에서 채택된 '빈 선언과 행동 강령Vienna Declaration and Programme of Action'은 무장 갈등에 연루된 모든 당사자들에게 인권 보호에 필요한 최소한의 기준에 부합할 것은 물론 국제인도법을 엄격하게 준수할 것을 촉구했다. 또 1996년 유엔 인권위원회는 대내 폭력 상황에 적용할 근본 원칙을 밝힐 필요성을 인정했다. 이제 국제인권법과 국제인도법은 별개의 것이 아니라 상호 보완적인 것으로 다뤄져야 한다. 즉 개인은 무장 갈등 상황이라 해도 국제인도법뿐만 아니라 국제인권법에 의해서도 보호를 받아야 한다.

(2) 인권 기구의 발전

지금부터는 유엔을 중심으로 국제 인권 기구를 살펴보자. 유엔에 속한 기구는 크게 헌장 기구와 조약 기구로 나눌 수 있다. 유엔 헌장은 유엔의 전반적인 업무들을 나누어 수행할 6개 주요 기구의 창설을 명시하고 있는데, 이들 기구를 '헌장에 기반한 기구(헌장 기구)Charter-based bodies'라 부른다. 각 기구는 헌장이 명시하고 있는 각각의 임무를 수행하는데, 시간이 흐르면서 그 역할이 점점 발전했다. 헌장 기구는 공통적으로 각종 기구의 수립, 결의안 초안 작성, 채택, 그리고 감독 임무를 수행한다. 유엔의 6개 헌장 기구는 총회, 안전보장이사회, 경제사회이사회, 신탁통치이사회, 국제사법재판소, 사무국이다. 이 중 경제사회이사회에 속해 있던 인권위원회는 2006년에 인권이사회로 승격해 신설되었다. 인권이사회는 모든 유엔 회원국들의 인권 상황을 정기적으로 평가하는 보편적정례검토 제도를 도입하는 한편 자문위원회를 신설하고 청원 절차를 개정했다.[14] 인권이사회는 또 주제별 혹은 국가별 특별 절차[15]와 협력을 계속하고 있다.

안전보장이사회(안보리)는 구 유고슬라비아 전범재판소, 르완다 전범재판소를 설치·운영한 바 있고 현재 국제형사재판소International Criminal Court(ICC)를 설치해 운영하고 있다.[16] 신탁통치이사회는 1995년부터 활동이 중단된 상태이다.

한편, '국제인권조약에 기반한 기구(조약 기구)Treaty-based bodies'는 유엔에서 채택·발효된 각 국제인권조약의 이행을 평가 감독하는 모임을 말한다. 조약 기구는 2010년 현재 자유권위원회, 사회권위원회, 인종차별철폐위원회, 여성차별철폐위원회, 고문방지위원회, 아동권리위원회, 이주노동자위원회, 장애인권리위원회, 이렇게 8개이다. 이들 조약 기구의 설립 목적은 가입국이 제출한 인권 이행 보고서를 심사해 추가적인 인권 개선을 권고하려는 데 있다. 심사 과정에서 조약 기구는 최종 의견서Concluding observation를 내기에 앞서 해당국 외교관을 불러 질의할 수 있고 해당국에 추가 자료 제출을 요구할 수도 있다. 조약 기구의 심사 및 권고가 전문성을 바탕으로 실용적으로 진행되기 때문에 이행 보고서 제출국의 협력을 이끌어낼 수 있다는 장점이 있다. 그러나 보고서 제출이 제때 이루어지지 않고, 제출이 지연되더라도 강제 조치가 없는데다 보고서 내용을 현장에서 직접 확인하기 어렵다는 점에서 조약 기구의 역할은 한계가 있다. 그럼에도 조약 기구는 해당국의 인권 상황을 전반적으로 점검하고 개선 방안을 제시하는 활동에 임하고 있다. 이러한 활동이 국제 인권 단체의 감시와 해당국의 인권 개선 의지와 맞물릴 때 조약 기구는 국제 인권 향상에 기여할 것이다.[17]

유엔은 이들 인권 기구들을 활용해 인권 침해 예방, 인권 보호와 증진을 위한 효과적인 전략을 수립·집행해왔다. 인권 보호가 주로 국가의 책임이기 때문에 많은 전략은 기술 협력 technical cooperation과 같이 국가의 인권 신장 능력 향상을 겨냥하고 있다. 유엔에서 인권 분야의 기술 협력은 인권고등판무관실이 담당하고 있다. 또한 유엔 인권 기구는 교육, 출판물 발간을 통해 인권에 대한 이해를 높이는 노력도 전개하고 있다. 유엔 인권 기구가 전개하는 인권 보호 및 증진을 위한 주요 전략은 통합적 접근, 기술 협력, 인권 교육과 캠페인, 인권 감시 활동, 시민사회와의 협력, 활동 홍보 등이다. 이 가운데 통합적 접근, 기술 협력 프로그램, 그리고 시민사회와의 협력을 좀 더 소개하고자 한다.

통합적 접근이란 인권을 조기 경보, 인도주의 활동, 평화 유지, 그리고 개발 사업과 통합해 다루는 것을 말한다. 인권을 유엔의 다른 활동과 통합하는 것을 가리켜 인권에 관한 전체론적holistic 접근이라 말하기도 하는데, 이는 1997년 코피 아난 Kofi Annan 유엔 사무총장이 발기한 유엔 개혁 프로그램의 연장선상에서 추진되었다. 1997년 7월 14일 '유엔 사무총장의 개혁 프로그램'이라는 문서의 78절은 "인권은 평화와 안보, 경제 번영과 사회 평등의 증진에 필수적integral이다"라고 밝히고 있다. 통합적인 인권 접근에는 인권은 모든 유엔 기구의 활동과 분리되지 않고 연관되어 있다는 인식이 반영되어 있다. 즉, 인권은 거주, 식량, 교육, 건강, 무역, 개발, 안전, 노동, 여성, 아동, 원주민, 난민, 이주, 환경, 과학, 그리고 인도적 지원 등과 관련된 활동과 긴밀하게 연관되어 있다는 것이다. 인권에 대해 통합적으로 접근하는 목적은 ▲전체 유엔 기구들과의 협력을 높이고, ▲그동안 관련짓지 않은 유엔의 다른 활동 영역들과 통합하고, ▲유엔의 활동에서 인권 존중이 다른 활동 분야와 분리되지 않고 일상적인 일임을 보여주려는 데 있다. 그러므로 유엔의 인권 활동은 유엔 사무국의 4대 업무, 즉 평화와 안전 보장, 경제 사회 활동, 개발 협력, 인도주의 활동을 가로질러 존재한다. 인권에 대해 통합적으로 접근할 경우, 주무 기구인 인권고등판무관실은 난민고등판무관실(UNHCR), 세계보건기구(WHO), 국제아동기금(UNICEF), 국제노동기구(ILO), 유네스코(UNESCO), 유엔농업기구(FAO), 유엔개발계획(UNDP) 등의 기구들과 협력할 필요가 있다.

(3) 유엔 안팎의 인권 정책

유엔을 통해 인권을 국제사회의 주요 관심사로 다룬다는 것은 다음과 같은 형태를 취할 수 있다. ▲유엔의 모든 활동에 인권에 기반한 접근Rights-based approach(RBA)을 채택하고, ▲특정 인권 문제를 다루는 프로그램을 개발하고, ▲기존 프로그램을 재구성해 인권 문제에 초점을 두고, ▲현장 활동에 인권 요소를 포함시키고, ▲정책 개발과 조정을 책임지는 사무국의 모든 사업 단위가 인권 프로그램을 갖도록 하는 것 등이다. 인권고등판무관실은 유엔의 전체 시스템에 걸쳐 인권을 통합적 활동으로 만드는 데 주도적인 역할을 담당한다. 유엔이 전개하는 통합적 인권 활동을 좀 더 살펴보자.

먼저, 예방 조치와 조기 경보 활동이다. 인권 침해는 종종 인도적 재난, 대량 탈출 혹은 난민 발생의 근본 원인이다. 그렇기 때문에 최초 분쟁의 징후가 발견되면 분쟁 당사자가 인권을 침해하지 못하도록 억제하고, 인도적 재난을 초래할지도 모를 상황을 완화시키는 것이 대단히 중요하다. 유엔은 조기 경보 시스템을 가동해 분쟁 발생 가능성을 탐지한다. 잠재적 분쟁의 근본 원인에 주목하는 것은 인권과 관련된 비극을 예방하고 포괄적 해결책을 찾는 데 기여할 것이다. 이와 관련한 유엔 인권 절차 및 메커니즘에는 특별보고관, 특별대표, 조약 기구, 실무 그룹, 현장 실무자 등이 있다. 인권을 예방 조치와 조기 경보 시스템에 통합하는 것은 위기 발생 전에 인권에 대한 관심사들을 통합시킴으로써 인도적 분야에서 유엔의 조기 경보 능력의 정확성을 증진하는 데 목적이 있다. 이는 위기 발생 이전, 위기 기간과 그 뒤의 효과적인 협력에 도움이 된다.

다음은 인권과 개발의 통합이다. 1957년 유엔 총회는 균형 있고 통합적인 경제 사회 개발 프로그램이 평화와 안보의 증진과 유지를 비롯해 사회 진보, 생활 수준 향상, 나아가 인권과 근본적 자유의 준수와 존중에 기여할 것이라는 견해를 표명한 바 있다. 이런 접근은 1968년 테헤란 세계인권대회에서 뚜렷하게 재확인되었고 그 후 1993년 빈 세계인권대회에서 중요한 관심사로 인정받았다. 빈 대회에서는 참되고 지속 가능한 개발이 인권 보호와 증진을 요구한다고 밝혔다.

　개발은 인간의 '기본적 필요'[18]를 충족하는 것에서 나아가 하나의 권리로 인식되기 시작했다. 1986년 유엔 총회는 개발권 선언을 결의하면서 개발이 "박탈할 수 없는 인간의 권리"라고 천명했다. "권리에 기반을 둔 접근"으로서의 효과적인 개발은 처음에는 인도적 지원과 혼동되며 자선으로 생각되었지만, 이후 하나의 권리이자 의무라는 생각으로 발전해 이제는 개발이 법적 권리와 의무로까지 받아들여지고 있다. 이때 국가에 맡겨진 의무는 무엇을 제공해야 하는 적극적 의무와 무엇을 해서는 안 되는 소극적 의무를 포함한다. 더욱이 권리라는 프레임을 수용하면 주거, 건강, 식량, 아동 발달, 법치, 그리고 지속 가능한 인간 개발 요소들에 관해 인권 전문가들과 인권 기구들이 발전시켜온 정보와 분석 결과 그리고 법적 논의를 이용할 수 있다. 여기서 의무라는 개념은 개인적 필요를 충족하는 것만이 아니라 양도할 수 없는 인권에 반응하는 것을 말한다. 이 개념을 통해 사람들은 정의를 하나의 권리로 요구하고 공동체가 국제 원조를, 세계 경제 질서가 인권을 존중하도록 주장할 수 있는 도덕적 근거를 갖게 된다.

　유엔 기구는 권리에 기반을 두고 정책과 프로그램에 접근함으로써 인권 규범의 국제적 기준에 부합하고자 한다. 유엔 개발 원조라는 프레임이 그 예인데, 이 프로그램의 목적은 ▲참여하는 원조 기구와 프로그램의 개발 효과를 극대화하고, ▲국가 개발상의 우선순위를 고려한 공동 작업을 강화하고, ▲개별 원조 프로그램들 사이의 일치와 상호 강화를 보장하는 것이다. 인권과 개발을 통합하는 과정을 촉진하기 위해 유엔개발계획과 인권고등판무관실은 협력과 조정을 통해 상호 활동의 효율성과 효과 증진을 위해 노력하자는 양해 각서를 맺었다. 쌍방은 사회권 영역에서 지수 개발과 권리 이행을 위한 방법의 고안을 강조하면서 인권과 개발에 통합적으로 접근하는 노력을 취하고 있다. 이 밖에도 인권에 관한 통합적 접근에는 인권과 평화 유지 활동, 인권과 인도적 활동을 통합하는 방법도 있다.

다음으로 기술 협력 프로그램이다. 인권 분야에서 유엔의 기술 협력 프로그램은 해당국의 요청에 따라 그 나라의 인권 보호, 민주주의, 그리고 법치에 영향을 미치는 국가의 능력과 기반 시설을 수립·강화하는 것을 지원한다. 이 프로그램은 해당국 정부와 시민사회에 대한 기술 자문 및 지원을 통해 이루어진다. 기술 협력은 "국제 인권 기준의 대내적 이행"[19]을 위한 법제화, 정책, 그리고 실행을 겨냥한 것으로서 국제 인권 기준의 이행과 인권 존중의 보장을 위한 지속 가능한 국가 기반의 수립을 촉진하는 데 초점이 있다. 인권고등판무관실이 주축이 되는 기술 협력은 유엔 인권 프로그램의 감시 조사 활동을 대체하는 것이 아니라 그것을 보완한다는 점에 유의할 필요가 있다.

유엔의 기술 협력 프로그램의 혜택을 받으려면 해당국은 유엔 사무국에 신청서를 제출해야 한다. 사무국은 그 나라가 필요로 하는 특정 인권 실태를 평가하는데, 평가 시 다음과 같은 요소들을 검토한다.

- 유엔 인권조약 기구의 권고
- 유엔 인권이사회(과거는 인권위원회)와 그 메커니즘(특별보고관, 실무 그룹 등)의 권고
- 인권 분야 기술 협력 기금 신탁이사회의 권고
- 비정부 기구와 국가 인권 기구를 포함한 일국 혹은 국제기구들의 견해와 우려

　인권고등판무관실은 평가 작업을 거쳐 해당국에 필요한 기술 협력 프로그램을 실시하고 그 후 평가 작업을 통해 프로그램의 효과를 측정한다. 실제 기술 협력 프로그램의 주 대상은 민주화 이행 과정을 밟는 국가들이다. 구체적인 기술 협력 프로그램은 해당국에 필요한 사항에 대한 평가 작업의 결과를 고려해 취해진다. 거기에는 국가 인권 기구 설립에 관한 자문, 법률가 및 사법기관(법원, 검찰, 경찰 등)의 공무원 훈련, 인권 관련 입법 활동 지원, 군인들에 대한 법치 훈련, 민주 선거 지원, 공무원의 인권 보고서 작성 훈련, 비정부 기구의 활동 지원, 홍보 및 문서 기록 작업 지원 등이 포함된다.

　마지막으로 시민사회와의 협력이다. 인권 보호의 역사가 개인과 조직의 집단행동을 반영하고 있기 때문에 시민사회 모든 영역의 참여와 기여는 인권 발달에 매우 중요하다. 구체적으로 유엔 인권 시스템은 인권이사회에서 인권단체의 의견 표명 및 참관 허용, 원주민 보호, 기금 지원, 소수자 보호, 고문 피

해자와 현대판 노예 노동 피해자 지원, 기업의 인권 보호 책임 제고 등과 같이 인권 보호를 위해 국제 인권 단체들과의 협력을 강화하고 있다.

이상 유엔을 중심으로 한 국제 인권 기구의 활동을 살펴보았다. 그러나 인권 상황이 심각하게 열악한 특정 국가 혹은 지역의 인권 개선을 위한 국제사회의 구체적인 노력으로서 유엔의 대응 외에도 일국 혹은 다국 차원의 다양한 정책 수단을 생각해볼 수 있다.

가장 먼저 생각할 수 있으면서 가장 일반적인 방법으로 인권 침해 피해자 스스로가 인권 침해 실태를 폭로하고 그 책임을 지적하며 국제적 비난을 조성하는 한편, 피해자와 거기에 저항하는 사람들의 투쟁을 지지하는 주창 활동advocacy이 있다. 인권 침해국과의 인권 대화도 가능할 것이다. 인권 대화의 방식은 특정 국가의 인권 사안만 다루는 경우, 양국의 인권 사안을 동시에 다루는 경우, 혹은 양국 간 전반적인 상호 관심사를 논의하는 과정에서 그중 한 나라의 인권 문제를 다루는 경우 등이 있을 수 있다. 인권 대화는 참여국 쌍방 간에 신뢰가 조성되어 있거나 적어도 해당국 정부가 자국의 인권 문제를 논의하는 데 개방적인 태도를 취할 때 가능한데, 국가 이익과 국제적 위신을 중시하는 국가의 속성을 생각할 때 인권 대화가 활발하지는 않다. 그러나 유럽연합(EU)은 비회원국의 회원국 신청을 심사할 때나 비수교국과의 수교를 결정할 때, 그리고 타국과 교류 협력을 추진할 때 상대국의 인권 상황을 정책 결정에 반영한다. 이때 유럽연합과 수교하거나 우호 관계를 맺거나 지원을 받을 필요가 있는 국가는 인권 개선 노력을 취해야 할 것이다. 그럴 때 유럽연합과 해당국은 정치 대화의 틀 속에서 인권 대화를 시도하거나 혹은 별도의 인권 대화를 가진다. 북한은 유럽연합과 정치 대화를 통해서 혹은 별도로 인권 대화를 가진 경험이 있다.

한편, 강압적인 수단으로는 외교적 압박, 제재, 인도주의적 개입을 들 수 있다. 외교적 압박으로는 유엔 총회나 인권이사회에서 해당국의 인권 침해를 규탄하는 결의안을 채택하거나 한 나라 혹은 여러 나라가 해당국을 비난하는 방법이 있을 것이다. 그에 비해 제재는 압박의 강도가 훨씬 높다. 제재도 일방적, 다자적 방식과 경제적, 법적 측면 등으로 나누어 생각해볼 수 있으나 제재를 받는 나라의 행동 변화를 추구한다는 목적은 같다. 제재는 대상국의 국제적 이미지 훼손, 인권 피해자 혹은 활동가에 대한 지원, 인권 남용에 대한 국제적 관심 제고 등과 같은 효과를 낼 수 있다.[20] 그러나 인권 침해국 정권이 내정 간섭을 이유로 외부의 인권 개선 요구에 반발하거나 그것을 외부의 위협으로 간주해 국가권력과 대중의 결속을 추구할 수도 있기 때문에 신중한 접근이 요구된다.

인도주의적 개입은 가장 높은 수준의 강압 수단이다. 인권 침해를 중단시키기 위해 인권 침해국 정권에 대해 강제력을 행사하기 때문이다. 이 수단을 채택하려면 대규모 인권 침해의 발생 혹은 발생 위험, 다자적 권위(곧 유엔안보리의 결의), 마지막 호소로서의 군사력 사용, 목표 달성에 한정된 비례적 군사력 사용, 목표 달성에 대한 합리적 전망 등의 조건이 충족되어야 한다.[21] 이때 가장 중요한 '대규모 인권 침해'란 인권 침해가 특정 집단(일반적으로 당사국의 정권)에 의해 의도적으로 발생하고 그것이 일관된 패턴을 보이고,[22] 나아가 그런 양상이 지속되는 경우를 말한다. 인도주의적 개입 역시 대상국 정권이 반발하거나 시민을 볼모로 한 군사적 충돌이 발생할 위험이 있으므로 신중한 판단이 필요하다.

3. 인권의 발전—이중적 상호 연관성

(1) 인권들 사이의 상호 연관성

앞에서 인권은 서로 나눌 수 없는 하나의 총체라고 말했다. 보는 시각에 따라 인권에서 강조하고 싶은 영역이 있거나, 그 반대로 무시해도 좋은 것이 있다고 생각할지도 모른다. 사실 사회 집단에 따라서 혹은 국가에 따라서 특정 인권을 선호하거나 무시하는 태도가 없지 않다. 실제로 냉전 시기에 자유 진영과 공산 진영은 인권에 대한 관점과 국가의 역할에 대한 견해가 크게 달랐다. 자유 진영은 자유권을 강조하고 국가의 개입이 적을수록 인권이 증진된다고 보았고, 공산 진영은 사회권을 더 중시하면서 국가의 역할을 강조했다. 국제 인권 규약이 처음부터 하나로 만들어지지 못하고 자유권규약과 사회권규약으로 나뉘어 제정된 것은 그런 입장 대립을 배경으로 한다. 그러나 처음부터 인권의 범위가 여기부터 저기까지라고 정해진 것은 아니다. 인권은 자유와 평등을 향한 인류의 투쟁,

특히 약자의 권리 획득을 위한 노력을 통해 점진적으로 그러나 부단하게 확대되어왔다.

자유권은 근대 시민 혁명의 결과로서 당시에는 인권의 전부로 생각될 정도였다. 자유권은 종교와 세속 권력으로부터의 대중 개개인의 자유와 그들 사이의 평등을 말한다. 오늘날 자유권에는 신체의 자유, 노예 상태 및 강제 노동의 금지, 자의적 체포 및 구금 금지, 거주 이전 및 주거 선택의 자유, 법 앞의 평등, 형법의 소급 적용 금지, 개인의 사생활 보호, 사상·양심·종교·언론·출판·집회·결사의 자유와 생명권, 그리고 참정권이 포함된다. 그러나 근대 시민사회가 자본의 힘을 중심으로 전개되자 노동자, 빈민, 여성 등 사회적 약자의 권리가 주요 관심사로 떠올랐다. 사회주의 사상과 양성 평등, 그에 기인한 사회 정치 운동은 국가의 적극적 개입으로 이들의 사회권을 보호할 것을 주장했다. 사회권은 근로권, 노조 결성 및 가입의 권리, 사회보장권, 건강권, 교육받을 권리, 문화생활 영위 권리 등을 주요 내용으로 삼고 있다.

자유권을 1세대 인권, 사회권을 2세대 인권이라고도 부르는데, 3세대 인권은 냉전 시기 긴장 완화와 제3세계 국가들의 국제 무대 진출 그리고 국제적 차원에서의 빈부 격차 증대(소위 남북문제)를 배경으로 등장했다.[29] 예를 들어 자결권, 개발권(혹은 발전권), 소수 종족의 문화유산을 보호할 권리, 그리고 평화권 등이 3세대 인권 범주로 분류되는데 대체로 집단적 권리로 볼 수 있다. 자결권은 자유권규약과 사회권규약 제1조에 각각 명시되어 있는데 대중의 정치적 지위에 대한 자유로운 결정과

부와 자원의 자유로운 처분을 밝히고 있다. 자결권의 주체는 개인과 집단 둘로 볼 수 있기 때문에 자결권은 또다시 '개인의 자기운명 결정권'과 '민족 자결권' 두 갈래로 나뉜다.

이와 같이 인권은 시대 변화를 반영해 범위를 확대해왔다. 인권을 정의하기 어려운 것은 이 때문이다. 오늘날 과학 기술의 발달과 생태계 보호에 대한 관심의 증대로 인해 생명권에 대한 논의가 확대되면서 동물의 권리에 대한 관심도 일어나고 있다. 바야흐로 4세대 인권이 나타나고 있는 것이다. 앞으로도 새로운 관심사가 출현하면서 인권의 범위가 넓어질 것이다. 그러므로 인권은 범위를 정할 수 없는 현재 진행형의 개념이라 말해도 무방할 것이다. 그럴지라도 시대와 사회를 막론하고 반드시 지켜져야 하고 그럼으로써 여타의 모든 권리를 신장할 수 있는 권리, 즉 기본권은 언제 어디에서도 존중·보호·이행되어야 한다.

(2) 인권과 다른 보편적 가치들 간의 연관성

앞에서 국제 인권 기구에서 인권을 보호·신장하는 방법으로 통합적 접근을 소개했다. 이는 인권의 신장을 위해서는 인권 내에 불가분성, 상호 연관성이 있는 것처럼 인권과 다른 보편 가치들 사이에도 불가분성과 상호 연관성이 있음을 의미한다. 그런 점에서 인권 단체가 인권 신장을 위해 다른 보편 가치와 관련된 문제에는 관심이 없고 오직 인권 문제만 다룬다면 그것은 순진하거나 무지하거나 둘 중 하나일 것이다.[20] 물론 평화나 개발 등 다른 관심사가 중요하다는 이유로 인권 문제를 소홀히 하는 것도 또 다른 편향에 불과하다.

유엔의 통합적 인권 접근은 인권 침해의 발생 원인과 개선 노력이 해당 국가와 사회의 민주주의, 경제, 법치, 안보, 사회 통합, 역사적 유산 등의 대내외적 요소들과 긴밀히 관련되어 있음을 전제한다. 그렇기 때문에 인권 침해 현상을 중단시키 거나 관련자를 처벌하는 차원이 아닌 보다 구조적이고 포괄적 인 접근으로 인권을 개선해야 하는 것이다. 이런 점을 반영해 이미 유엔을 비롯한 국제기구에서는 인권이 민주주의, 평화, 개발, 인도주의 등 다른 보편적 가치와 갖는 연관성에 주목하 고 각각의 관계가 인권 개선에 주는 영향을 찾고 있다.

　인권과 민주주의의 상호 연관성은 1948년의 세계인권선언 채택 때부터 인정되었다. 세계인권선언은 "인민들의 의지가 정부 권위의 토대가 되어야" 하고 모든 시민들에게 참정권을 보장해야 한다고 주장한다. 그리고 1966년 자유권규약은 이 를 공식화했다. 민주주의와 인권의 상호 연관성에 대한 논의 는 냉전 해체 이후 본격화되었는데 유엔 인권위원회가 그 논 의를 주도했다. 그 결과의 하나로 1999년 유엔 인권위원회는 결의를 통해 민주적 거버넌스governance의 권리로서 '표현 의 자유', '정보 접근의 자유', '법치', '투표권', '피선거권', '투 명하고 책임 있는 정부 기구', '공공 서비스에 대한 균등한 접 근권' 등을 제시했다.[25] 2003년에 열린 제59차 유엔 인권위원 회에서도 두 개의 결의안(2003/35, 2003/36)이 채택되어 민주 주의와 인권의 상호 의존성을 확인시켜줬다.[26] 특히, 당시 인 권위 결의안 2003/36의 15절은 모든 정부와 정부 간 기구 그 리고 비정부 기구에 대해 민주주의 증진 및 강화를 위한 수단과 방식을 명확히 하는 것을 목적으로 하는 토론을 권고했다.[27] 이처럼 민주주의와 인권은 서로 보완하고 강화하는 관계라 할 수 있는데, 이때 인권과 민주주의를 제한적으로 파악하는 것은 경계할 필요가 있다. "자유권과 사회권이 상호 의존적인 것처럼 정치적 민주주의와 경제적 민주주의도 그렇다"[28]는 지적은 경청할 가치가 있다.

인권과 평화 역시 연관성이 크고, 분쟁 지역에서 분쟁 당사자가 관련된 인권 문제를 다룰 때는 더욱 그렇다. 평화가 기본권을 보장하는 필수 조건이라는 인식은 유엔 헌장, 세계인권선언, 국제 인권 규약 등에서 찾아볼 수 있다. 테헤란 세계인권대회에서 채택된 선언은 "평화는 인류의 보편적 염원이고, 평화와 정의는 인권과 근본적 자유의 전면적 실현에 필수적인 요소임을 인정한다"라고 밝히고 있다. 나아가 평화가 하나의 권리라는 인식도 점차 생겨나기 시작했다. 평화권은 안전하고 비폭력적인 세상에서 살아갈 권리라고 정의할 수 있다. 구체적으로는 국가에 의한 침략 전쟁의 부인, 집단적 자위권의 부인, 군비 보유의 배제, 국가에 의한 평화 저해 행위(침략 전쟁 참여, 무기 수출 따위)의 배제, 국가에 의한 평화적 생존 저해 행위(징병제 등)의 배제, 군사적 목적의 기본권 제한(재산 압류, 표현의 자유 제한 등) 금지, 전쟁의 위험에 처하지 않을 권리 등을 평화권으로 생각할 수 있다. 그리고 평화적 생존권은 헌법에 명시되어 있지 않다 하더라도 생래적 권리로 인정받을 수 있다.[29] 평화권은 냉전 시기를 포함해 오랫동안 기대한 만큼의 진척을 보이지는 못했지만, 조지 W. 부시 정부가 반테러전의 일환으로 전개한 이라크전쟁을 겪으면서 그 중요성이 다시 주목받고 있다. 그래서 유엔 인권이사회는 평화권의 재정립을 위해 평화권 신장을 위한 행동 계획을 검토하고 있다.

한편, 저발전국에서의 인권은 빈곤 퇴치를 비롯한 사회 발전과 분리해 생각할 수 없을 것이다. 발전권의 성격은 1986년 유엔 총회에서 채택된 발전권 선언과 1993년의 빈 세계인권대회 선언에서 찾아볼 수 있다. 발전권 선언 제1조 1항은 "발전권은 박탈할 수 없는 인간의 권리이고, 그것에 의해 모든 인간과 인민들은 모든 인권과 근본적 자유가 실현되는 경제·사회·문화·정치적 개발에 참여하고 기여할 자격과 함께 그것을 누릴 권리가 있다"라고 밝히고 있다. 빈 선언 제1조 10항도 "발전권이 보편적이고 양도할 수 없는 권리이자 근본적인 인권의 통합적 부분임을 재확인"하고 있다. 나아가 발전권 실현 방법으로 "기본적 자원, 교육, 공공의료, 식량, 주거, 고용 그리고 소득 분배 등에서의 기회의 평등"과 여성들의 적극적 역할을 보장하는 조치, 그리고 사회 부패 근절을 위한 경제 사회적 개혁을 제시한다. 그러나 발전권의 이런 면을 경제 개발로 오해해서는 안 된다. 이러한 연유로 개발과 인권을 관련짓되 인권을 증진할 방안으로 제시된 "권리에 기반을 둔 접근"[30]과 유엔 '새천년개발목표Millennium Development Goals(MDGs)'[31]는 충분히 주목할 가치가 있다.[32] 특히, "권리에 기반을 둔 접근"은 개발과 인권이 하나의 과정에서 서로 분리될 수 없다는 점에 착안한 것이다. 권리에 기초를 두고 발전을 추진하는 방안으로는 인권법제 수립, 해당 지역 인권 단체의 활동 장려, 국제

개발 기구의 인식 변화, 개발 과정에서의 인권 침해 감시, 법치 등을 꼽을 수 있다.[33]

인권과 인도적 지원도 서로 무관하지 않다. 인도적 지원은 인도주의 실현을 위해 중립성, 형평성, 독립성을 기반으로 조건 없이 이루어지는 무상 지원이라 정의할 수 있다. 인도적 지원은 인도적 위기 상황에 처한 사람들의 생명과 안전을 돕는다는 점에서 기본권 옹호 활동의 하나로 볼 수 있다. 특히 탈냉전 이후 분쟁으로 인한 인도적 위기 상황이 급증하면서 인권 보호에 대한 국제적 관심이 더욱 높아졌다. 또 대부분의 지원 수혜국이 저발전국이고 부정부패와 인권 침해가 빈발하는 곳이라는 점에서 수혜국 정부의 정치 체제 변화 및 인권 개선을 지원의 전제 조건으로 삼는 경우가 많아지기 시작했다. 이는 수혜국의 정치사회 체제를 인권 친화적인 방향으로 유도하려는 의도를 지니고 있어서 인도적 지원의 정치적 중립성과 객관성에 대한 문제를 제기한다.[34] 그러나 생존권 보호에 도움이 되는 인도적 지원의 전제 조건으로 인권 개선을 요구하는 것은, 인권 개선을 명분으로 인권 개선에 기여할 인도적 지원을 제한하는 딜레마를 초래하고 지원이 압력 도구로 이용될 우려를 낳는다.

이와 같이 실질적이고 전반적인 인권 개선을 위해서는 인권과 다른 보편 가치의 관련성을 파악하고 그것을 인권 개선에 반영하는 지혜가 필요하다. 특히, 해당 지역 혹은 국가의 정치, 경제, 안보 문제가 인권 개선에 부여하는 의미를 찾고자 하는 노력이 중요하다. 빈 세계인권대회의 선언문 제8조는 민주주의, 발전, 그리고 인권과 근본적 자유 존중이 상호 의존적이며 서로 강화한다고 결론짓고 국가 혹은 국제적 차원에서 이 셋을 증진시키는 데 힘써야 한다고 밝히고 있다.[35]

제 2 장

기존의
북한 인권 논의
비판

제2장에서는 북한 인권을 둘러싼 기존의 논의를 비판적으로 분석한다. 1절에서는 국내와 국외의 북한 인권 관련 논의와 정책을 각각 '백가쟁명'과 '각개약진'으로 압축하여 살펴본다. 국내의 경우 정당이나 시민 단체 등이 각자의 정치적 성향이나 이해관계에 따라 다양한 입장 차이를 드러내고 있고, 해외의 경우에는 관련 국가들이 단일한 목소리를 내기보다는 자국의 이익에 따라 개별적으로 이 문제에 접근하는 양상을 보이고 있다. 2절에서는 국내에서 제기된 북한 인권을 둘러싼 쟁점을 인권관, 북한 인권 실태, 북한 인권 상황이 악화된 원인, 탈북자 문제, 북한 인권 개선 방안 등에 걸쳐 살펴보고 필자의 비평을 덧붙인다. 3절에서는 지금까지 북한 인권 문제에 접근하는 과정에서 나타난 문제점을 선택주의, 근본주의, 상대주의, 도구주의, 차별주의라는 다섯 가지로 제시해 이후 대안 모색의 반면교사로 삼고자 한다. 이 장이 우리 사회의 북한 인권 개선 논의 과정에서 요구되는 바람직한 자세와 원칙을 성찰하는 계기가 되었으면 한다.

1. 북한 인권 논의 동향

(1) 국내 동향―백가쟁명(百家爭鳴)

현재 우리나라의 정당과 시민사회는 북한 인권을 둘러싸고 커다란 입장 차이를 보이고 있다. 이는 북한 인권 실태에 대한 인식, 대북 정책에서 북한 인권 문제가 차지하는 비중에 대한 판단, 그리고 인권 개선 방법 등에 걸쳐 드러난다.

우선, 주요 정당별로 보면 한나라당은 북한의 인권이 대단히 열악한 상태이며, 북한 인권 문제는 남북관계의 다른 사안들과 분리해 다른 국가들의 인권 문제와 마찬가지로 보편적으로 접근해야 하며, 현 정부 이전 10년 동안 '민주 정부'가 취해 온 '조용한 외교'를 벗어던지고 국제사회와 공조해 적극적으로 대처해야 한다고 보고 있다. 한나라당은 노무현 정부 시기인 2005년 납북자 및 탈북자인권특별위원회(위원장 황우여 의원)를 만들어 탈북자보호법률안 개정, 북한인권법 제정, 국군포로법률안 개정, 납북자지원법 제정, 남북 이산가족 '만남의 날' 기념일 제정 등 '북한 인권 개선 5개 항'을 발표한 바 있다. 한나라당은 이에 동조하는 보수 성향의 일부 시민 단체들과 함께 미국, 일본이 제정한 북한인권법을 국내에서도 제정하는데 깊은 관심을 보였다. 한나라당 의원들은 북한 인권 개선 관련 법률안을 여러 개로 입법·추진했다. 또 한나라당은 노무현 정부가 유엔에서 북한인권결의안 투표가 실시될 때마다 그 당시의 남북관계를 반영해 기권, 반대, 찬성 등 오락가락하는 입장을 보였다고 지적하면서 일관되게 찬성에 투표할 것을 주장했다. 2008년 집권한 이명박 정부와 한나라당은 북한 인권 문제에 깊은 관심을 보였다. 집권 초 이명박 정부는 '북한의 인권 문제에 인류 보편적 가치로 접근하겠다'는 입장을 발표했고, 유엔 인권이사회에서 북한에 인권 개선을 위한 적절한 조치를 촉구했고, 이후 북한인권결의안 상정국으로 참여하며 북한인권결의안에 찬성표를 던져왔다.

한나라당은 2010년 2월 11일 소관 상임위원회인 외교통상통일위원회에서 여러 유사 법안들이 취합된 북한인권법을 선진당과 협조해 통과시켰다. 이에 대해 민주당과 민주노동당이 반발했고, 2010년 12월 현재까지 민주당이 위원장을 맡고 있는 법제사법위원회에서 법안이 상정되지 못하고 있다. 이와 같은 상황에 대해 2010년 3월 3일 정몽준 한나라당 대표는 "북한 주민의 인권 실상에 관해서 우리는 몰라도 되고, 관심을 가지지 않아도 된다는 것인지 민주당에게 묻고 싶다"라고 성토하고, 미국과 일본의 북한인권법 제정을 거론하면서 "남북이 같은 민족이기 때문에 우리가 더욱 북한 주민의 인권에 관심을 가져야 된다고 생각한다"며 북한인권법 제정의 필요성을 강조했다.

이에 비해 민주당은 집권 기간 동안 미국과 일본의 북한인권법 제정, 유엔의 북한인권결의안 채택, 국내의 북한인권법 제정 움직임 등이 북한에 대한 정치 공세에 가깝고 북한의 반발이 예상돼 실질적 인권 개선에 기여하지 못한다는 입장을 취해왔다. 대신 인도적 지원, '조용한 외교' 등을 통한 북한 주민의 생존권 개선, 탈북자 보호 및 입국 등을 실질적인 대안으로 보고 그와 관련된 정책을 전개해왔다. 다만, 유엔 북한인권결의안에 대해서는 남북관계와 북한의 핵실험 등 시기별 대북정책 환경을 고려해 전략적으로 접근했다고 밝혀왔다. 따라서 이명박 정부 들어, 한나라당이 주도하는 북한인권법 제정 움직임에 대해 민주당이 강력하게 반발하는 것은 예측된 결과이다. 북한인권법안이 외교통상통일위원회를 통과하자 민주당 의원들은 그것이 북한 인권 개선에 실효가 없을 뿐만 아니라 남북관계만 악화시킬 것이라고 반발했다.

이후 민주당, 민주노동당, 창조한국당, 진보신당 등 범야권은 진보적 시민 단체 대표들과 함께 북한인권법을 포함해 정부 여당의 대북 정책을 성토하는 비상시국회의를 열었다. 다만, 북한인권법 제정에 대해서는 모두 반대했으나 북한 인권 실태에 대한 평가와 인권 개선 방안에 대해서는 각기 입장을 달리했다. 어떤 야당은 국내외에 알려진 북한 인권 실태에는 신중하게 검토할 대목이 있다고 주장했고, 또 다른 정당은 북한 인권을 거론하는 방식에 신중을 기해야 하겠지만 북한 인권 상황이 심각한 것은 부정할 수 없다는 입장을 보였다. 그리고 노무현 정부 말기 외교통상부 장관을 역임한 민주당 송민순 의원은 단독으로 북한 주민 인권 개선과 남북 협력을 촉구하는 내용의 결의안을 발의하기도 했다. 2010년 10월 6일, 송 의원은 결의안 발의 취지에 대해 "최근 본격화된 북한의 3대 세습은 현대 국가에서 유례를 찾아볼 수 없는 퇴행적 행위"라고 전제한 후 "북한이 주민의 인권 개선과 남북 협력의 길을 걷도록 유도할 필요가 있다"고 말했다.[36]

정치권은 아무래도 여야의 입장에 따라서 강조점이 다를 수 있지만, 집권할 경우 북한 인권에 대한 정책 비중은 다른 대북 정책 사안들(가령 북핵 문제나 남북관계 발전 등)의 동향에 따라 달라질 수 있다. 실제로 이명박 정부 들어 북한 인권 문제에 대한 관심과 발언이 늘어났지만, 북핵 문제나 전반적인 남북관계를 무시하고 북한 인권 중심으로 대북 정책을 전개하고 있다고 말하기는 어렵다. 이명박 정부가 취한 대북 제재와 같은 고강도 압박도 북한 핵실험이나 천안함 사태와 같은 안보 문제 때문이지 인권 문제 때문은 아니다. 이명박 정부 들어 북한 인권 문제에 대한 정책 비중이 높아졌다고 한다면 정부가 모순되어 보이는 두 가지 정책을 전개했을 경우이다. 모순되어 보이는 두 가지 인권 정책이란 북한 주민의 자유권 신장과 탈북자 보호를 위한 외교적 압박과 탈북자 대량 입국 추진, 그리고 북한 주민의 생존권 보호와 남북 간 인도적 문제 해결 유도를 위한 인도적 지원과 경제 협력의 확대를 말한다. 그런데 이명박 정부의 실제 북한 인권 정책은 언술상 높은 관심을 표명한 것에 미치지 못했다.

북한 인권을 둘러싼 정치권의 입장은 북한 인권 실태가 심각한 만큼 적극적이고 발 빠르게 대처해야 한다는 '급진 개선형'과 식량난 해결을 비롯해 생존권 개선에 주목하면서 인권 개선을 남북관계 개선과 조화롭게 접근해야 한다는 '온건 개선형'으로 나눠볼 수 있다.[37] 물론 이런 구분 내에서도 세부적으로 입장 차이가 있을 수 있는데, 가령 급진 개선형 내에도 북한 인권의 근본적 개선을 위해서는 북한 정권의 교체가 필요하다는 주장이 있고, 온건 개선형 내에도 한반도 평화 정착 혹은 남북관계 개선이 북한 인권 개선보다 더 중요하다고 보는 평화 혹은 남북관계 우선론이 존재한다.

시민 단체들에서는 이러한 분류가 보다 뚜렷하게 나타나고 있다. 시민 단체의 경우 원한다면 북한 인권 문제만 다룰 수 있기 때문에 인권 문제에 대한 높은 관심을 유지할 수 있을 것이다. 거기에 북한 정권에 대한 인식, 북한과 관련된 사안들과 북한 인권의 상호 관계에 대한 견해 등이 결부되어 앞에서 말한 네 가지 유형이 보다 뚜렷하게 나타날 수 있다.

유엔의 북한인권결의안 채택을 두고 국내 시민 단체들은 찬반양론으로 나뉘었다. 예를 들어 2005년 유엔 인권위에서 상정한 북한인권결의안에 대해 북한민주화네트워크와 자유주의연대 등 보수 성향의 단체들은 4월 14일 "유엔 인권위원회 결의안 채택 과정은 인권변호사에서 출발한 노 대통령의 정치적·인간적 양심의 시험대가 될 것"이라고 주장하며 정부에 찬성 표결을 촉구했다. 반면, 인권운동사랑방 등 진보 성향의 단체들은 "결의안이 정치적으로 오염되어 있으며 내용 역시 편향적"이라고 지적하며 결의안에 반대했다. 북한 인권과 관련한 시민 단체들의 의견 차이는 북한인권법 제정을 둘러싸고 다시 한번 나타났는데 북한인권법안에 보수 진영은 찬성하고 진보 진영은 반대했다. 진보, 보수 진영은 2003~2004년 미국의 북한인권법 제정을 둘러싸고 입장 대립을 보인 적이 있는데 남한의 북한인권법 제정을 둘러싸고 다시 그 대립을 드러낸 것이다. 자유시민연대와 뉴라이트전국연합 등 30여 개의 보수 단체들은 2010년 4월 하순, 그동안 미국에서 열린 '북한자유주간' 행사를 서울에서 개최하면서 북한인권법 제정을 지지한다는 입장을 밝혔다. 북한의 인권 상황이 세계 최악이라고 평가하는 보수 단체들은 북한인권법 제정이 북한 인권에 대한 사회적 관심을 높이고 북한 인권 개선에 도움을 줄 것이라고 보았다. 한편, 민주 사회를 위한 변호사 모임을 비롯한 11개의 진보적 시민 단체들은 2010년 4월 27일 의견서를 내고 "북한인권법 제정의 핵심은 북한을 압박하고 인권을 대결적 관점으로 축소시키려는 정치적 의도에 있다"고 주장하며, 북한인권법은 "전혀 새로울 것도, 실효성도 없는 법안"으로서 "예산을 임의대로 쓰기 위한 '북한인권재단'의 설립"이 법안의 주요 내용이라고 비판했다.

이들 진보, 보수 진영 내에서도 각각 급진적인 입장이 존재한다. 보수 진영 가운데는 북한 인권 문제에는 북한 정권의 책임이 클 뿐만 아니라 북한 정권은 인권 개선에 나설 의지와 능력이 부족하므로 북한 정권 타도가 인권 개선의 지름길이라고 보는 단체들이 있다. 북한 민주화 운동의 연장선상에서 북한 인권 개선에 접근하는 이들 급진 변화형 단체들의 이름에 '북한 민주화'라는 말이 붙어 있는 경우를 볼 수 있다. 진보 진영 내에서는 통일 운동을 표방하는 단체들이 북한 인권 문제를 거론하는 데 반대하는 입장을 취하고 있다. 통일 운동 단체는 보수 단체들이 북한 인권 문제를 북한 정권 교체를 위한 압력 수단으로 이용하고 있고 남북관계 개선을 북한 정권의 수명을 연장시켜 주는 일로 보고 있어 남북관계의 발전에는 관심이 없다고 판단하고 있다. 그런 이유로 인해 통일 운동 진영은 보수 단체들의 북한 인권 문제 거론에는 정치적 의도가 있다고 의심하며, 남북관계에 진전이 있으면 자연스럽게 북한 인권 개선도 추진할 수 있다고 본다. 보기에 따라서 통일 운동 단체는 선 남북관계 개선, 후 인권 개선으로 비쳐 북한 인권 문제에는 대단히 소극적이라고 비판받을 소지를 안고 있다.

일반적으로 인권 개선에 적극적이면 진보이고 소극적이면 보수라 할 수 있는데, 북한 인권과 관련해 국내에서 진보-보수의 구분이 뒤바뀐 것은 일견 이해하기 어려워 보일 수도 있다. 그러나 북한 인권 개선에 적극적인 쪽이 여전히 보수라 불리는 것은 그들이 북한 '인권' 개선에만 주목하고 북한과의 화해 협력, 한반도 평화 정착 등 다른 보편 가치들은 무시하거나, 북한 인권에 대해 자유권 중심으로 접근하면서 그것을 북한 정권 교체를 위한 압박 수단으로 활용하고 있다는 지적을 받을 수 있기 때문이다. 반면, 진보 진영은 보수 진영과 반대되는 입장을 취하고 있는데, 북한 인권 개선에 소극적이라는 측면에서는 진보라 불릴 수 있을지 의문이다. 제1장 3절에서 살펴보았듯이 인권의 이중적 상호 연관성을 상기할 때, 인권 개선과 평화 정착, 그리고 남북관계 개선을 통한 화해와 협력을 조화롭게 추진할 지혜가 부족하다는 점에서는, 남한의 진보와 보수 진영 모두 분단이 주는 구조적·역사적 한계에서 자유롭지 못하다고 말할 수 있다.

물론 북한 인권을 둘러싸고 시민 단체들이 선명한 입장 차이만을 보이는 것은 아니다. 입장 차이가 실제로 존재하는 것은 사실이지만, 양 진영이 타협이 불가능할 정도로 대립 상태에 있는 것처럼 보이는 것은 각 진영의 표면적인 주의·주장에만 초점을 맞추는 선정적인 언론 보도 때문인지도 모른다. 북한의 인권 개선과 인도적 상황 개선을 위해 일하고 있는 많은 시민 단체들은 오히려 자신의 목소리를 높이거나 자신의 활동을 언론에 알리려고 힘쓰지 않는다. 이들은 인도적 지원을 통해 생존권 개선을 추구하거나, 인권에 기반을 두고 개발 지원을 추진하거나, 인권 개선 운동과 인도적 지원 사업을 병행하거나 재외 탈북자 보호 및 입국을 추진하는 등 다양한 활동을 한다. 자기 단체의 입장을 과시하거나 북한 인권 개선을 명분으로 북한 정권의 교체를 주장하지 않고 묵묵히 자기 역할을 전개한다는 점에서 이들은 온건 개선형에 가깝다. 중도적이라 할 수 있는 이들은 갈등을 빚고 있는 진보, 보수 단체들에 비해 상대적으로 효과적인 활동을 벌이고 있다고 볼 수 있다.

한편, 독립적 국가 기구로서 인권 문제를 전담하는 국가인권위원회도 북한 인권에 관한 주요 행위자 중 하나이다.[38] 국가인권위는 몇 년간의 실태 파악 및 정책 검토 작업을 거쳐 2006년 12월 11일 "북한 인권에 대한 국가인권위원회의 입장"을 표명한 바 있다. 이때 국가인권위는 북한 인권 문제에 접근하는 원칙으로 인권의 보편성, 한반도 평화와의 조화, 실질적 개선, 정부와 시민사회의 협력이라는 네 가지를 전제하며 아래와 같이 정부에 다섯 가지 정책을 권고했다.

첫째, 정부는 국제사회와의 연대·협력 관계를 활성화하여 북한 인권이 실질적으로 개선되도록 노력하여야 한다.

둘째, 정부는 북한 주민에 대한 인도적 지원 사업은 정치적 사안과 분리하여 생존권 보장 차원에서 지속적으로 추진해야 한다.

셋째, 정부는 재외 탈북자들이 처한 심각한 인권 침해의 현실을 개선하기 위해 적극적인 외교적 노력과 제도적 장치를 마련하여야 한다.

넷째, 정부는 이산가족, 국군 포로, 납북자 문제 등과 같은 인도주의적 사안을 해결하기 위해 보다 적극적이고 구체적인 조치를 취해야 한다.

다섯째, 정부는 객관적이고 철저한 조사를 통해서 북한 인권의 실상을 정확하게 파악해야 한다.

이명박 정권이 집권하자마자 국가인권위를 정부 산하 기구로 편입시키려는 '웃지 못할 일'[39]을 벌인 후 국가인권위는 업무 축소, 직원 감축에 직면했다. 그러면서도 2009년 7월 20일 이명박 대통령이 현병철 신임 위원장을 임명하며 "북한의 인권에도 관심을 기울일 필요가 있다"고 말함에 따라 국가인권위는 북한 인권에 대한 관심을 높여나갈 것으로 보였다. 물론 새 위원장 취임 이전부터 진행된 북한 인권 포럼 운영과 북한 인권 실태 조사는 계속되고 있다. 사실 국가인권위원회법(2009년 2월 3일 개정) 제4조는 그 적용 범위를 "대한민국 국민과 대한민국의 영역 안에 있는 외국인"으로 정하고 있고, 국가인권위는 2006년 11월 북한 인권에 대해 "대한민국 정부가 실효적 관할권을 행사하기 어려운 북한 지역에서의 인권 침해 행위나 차별 행위는 위원회의 조사 대상에 포함될 수 없"다고 입장을 밝힌 바 있다. 당시 국가인권위는 "다만, 국군 포로, 납북 피해자, 이산가족, 새터민 등의 문제는 대한민국 국민이 직접적 피해 당사자이므로 위원회는 이들의 개별적 인권 사항을 다룰 수 있"다고 덧붙이고 있다. 현병철 위원장 취임 이후 국가인권위는 다양한 실태 조사와 정책 연구를 수행하는 한편, 정부에 북한인권법 제정과 대북 방송을 권고했다. 그러나 이러한 정책 권고의 실효성에 대해서는 적지 않은 비판이 일고 있다.

(2) 해외 동향─각개약진(各個躍進)

해외의 북한 인권 논의 동향은 관련 국가, 유엔 등 정부 간 기구(IGO), 그리고 국제 비정부 기구(INGO)의 활동으로 나누어 살펴볼 수 있다.

먼저 국가별 동향을 살펴보면, 외관상 미국이 북한 인권 문제에 가장 관심을 많이 갖고 있는 것으로 보인다. 미국은 카터 행정부 이래 인권 문제를 외교 정책의 주요 관심사로 다뤄 왔다. 물론, 냉전 시대의 미국은 체제 경쟁과 국가 이익을 위해 친미 독재 정권의 인권 문제를 눈감아주거나, 반미 민주 정권을 붕괴시키는 데 개입해 그 과정에서 무고한 인명이 희생되기도 했다.[40] 미 국무부는 매년 〈세계 인권 실태 보고서 Country Report on Human Rights Practices〉를 발간하여 북한 인권이 대단히 열악하다고 평가해왔다. 2003년부터는 인권 침해가 심각한 국가들에 대한 인권 외교 정책을 다루는 〈인권과 민주주의 지원 보고서Supporting Human Rights and Democracy〉를 발간하면서 북한을 '특별 우려 국가'로 분류하고 지속적인 제재가 필요하다고 평가했다. 그에 앞서 미 국무부는 1998년 제정된 국제종교자유법에 의거해 〈국제 종교 자유 보고서〉를 발간하면서 북한에 종교의 자유가 없다는 결론을 내렸다. 대외적으로 미국은 2003년부터 유엔 인권위원회와 총회에 북한 인권결의안이 상정되는 데 중요한 역할을 했고 일관되게 찬성 투표를 해왔다.

미국이 북한 인권에 보이는 관심은 북한인권법 제정으로 더 크게 부각되었다. 북한인권법 상정에 앞선 2003년 11월에 북한자유화법안이 상하 양원에 의해 상정되었는데, 이 법안은 북한은 물론 한미 양국의 반발을 초래했다. 자유화법안은 과거 미국이 제정한 이란, 이라크, 쿠바에 대한 자유화 혹은 민주화 법안과 비슷하게 북한 인권 개선을 명분으로 북한 정권의 붕괴를 유도하고 있어 한반도 평화를 위협할 뿐만 아니라, 대량 살상 무기를 언급하고 있어 미국의 대북 교섭권을 약화시킨다는 안팎의 비판에 직면했다. 그래서 이 법안은 폐기되고 문제가 되는 내용의 삭제 후 2004년 3월 북한인권법안이 하원에 상정되었다. 북한인권법안은 같은 해 10월 상하 양원을 통과하고 그 직후 조지 W. 부시 대통령의 서명을 받아 발효되었다. 5년 한시법으로 제정된 이 법은 탈북자 지원 활동과 대북 방송에 대한 재정 지원과 북한인권특사(임시직) 임명을 골자로 하고 있다. 그러나 이 법은 5년 동안 관련 예산을 집행한 적이 없는 것으로 밝혀졌다. 미 의회는 2009년 이 법을 2012년까지 연장하고 북한인권특사를 정규직으로 승격하는 결의를 통과시켰다. 오바마 대통령은 미국이 북한 인권에 대해 큰 관심을 갖고 있다고 밝혔지만 북핵 문제와 다른 외교 사안들에 밀려 실제로는 북한 인권 정책을 본격적으로 수행하지 못하고 있다.

미국에 이어 일본도 북한인권법을 제정했는데, 일본의 법은 미국의 법보다 더 강경한 내용을 담고 있다. 북한 인권과 관련해 일본의 최대 관심사는 북송된 일본인 처를 포함한 납치 일본인의 귀환 문제이다. 1997~1998년 두 차례에 걸쳐 일부 북송 일본인 여성들의 일본 방문이 이루어졌을 때만 해도 일본은 북한에 식량 지원으로 화답했다. 그 후 2002년 9월 17일 고이즈미 일본 총리가 평양을 방문해 김정일 국방위원장으로부터 일본인 납치 사실의 인정과 그에 대한 사과를 받아내고, 2004년 2차 방북에서 다섯 명의 생존자의 일시 귀국을 성사시켰을 때도 일본 여론은 북일 정상 회담 결과에 긍정적이었다. 그러나 납치되었다 죽은 것으로 알려진 요코다 메구미의 유골에 대한 진위 논란[41]이 벌어져 일본 정부가 일시 귀국한 납북 일본인들을 북한으로 되돌려 보내지 않으면서 북일관계가 경색되었다. 반북 여론에 직면한 일본 정치권은 여야를 막론하고 북한인권법 제정을 앞다투어 추진했다. 결국 "일본인 납치 문제 등 북한의 인권 상황이 개선되지 않을 경우" 북한에 대한 경제 제재를 발동할 수 있다는 것을 골자로 여야 3당이 발의한 북한인권법안이 2006년 6월 16일에 참의원을 통과했다. 북한인권법은 그 이전에 제정된 개정 외환법과 특정선박입항금지법과 함께 대북 제재법으로 불리고 있다. 일본은 또 유엔 북한인권결의안에 적극적으로 찬성 투표를 하고 있다.

한편, 유럽연합의 북한 인권 정책은 미국, 일본의 정책과 유사한 면도 있지만 다른 면도 보이고 있다. 유럽연합은 주로 유엔 헌장 기구를 활용한 다자적 접근을 통해 북한 인권 문제를 국제적 관심사로 부각시키면서 비판적 의견을 내놓았다. 유럽연합의 경우 매년 바뀌는 의장국이 집행위원회와 함께 북한인권결의안 초안을 작성해 회원국과 한국, 미국, 일본 등의 우방국들에게 회람시킨 후 조율된 결의안을 유엔 인권위원회(이후 인권이사회)와 총회에 상정한다. 그러나 유럽연합이 미국, 일본과 결정적으로 다른 점은 북한과의 접촉을 적극적으로 시도한다는 것이다. 인도적 지원과 개발 지원을 위한 접촉과 양자 간의 정치 대화가 일례이다. 유럽연합 대부분의 회원국들은 김대중 대통령의 권고로 2000년대 들어 북한과의 국교를 수립했다. 이는 당시 김대중 정부의 포용 정책과 조화를 이룬 것이었다. 유럽연합의 대북 지원 사업은 지속 가능한 개발, 세계 경제로의 편입, 빈곤 타파라는 유럽연합의 일반적인 개발 협력 목적에 따른 것으로 민주주의와 법치의 도모를 지향하고 있다. 또 유럽연합은 북한과 핵 문제, 대북 경제 협력, 남북관계, 북한 식량 문제 등을 논의하는 정치 대화를 하면서 이와 병행하여 북한 인권 문제를 제기하고 있고, 2001년 6월에는 브뤼셀에서 인권 대화를 가지기도 했다.

한편 북한의 오랜 우방인 중국은 국제사회의 자국 인권 문제 거론에 대해 내정 간섭이자 주권 침해라는 인식을 북한과 공유하고 있다. 중국은 북한과 맺은 '변경지역관리의정서'에 의거해 탈북자를 난민이 아닌 불법 월경자로 간주하고 그들을 단속·체포해 강제 송환하고 있다. 1990년대 후반 북한 주민이 식량난으로 대규모 탈북했을 때에는 이를 묵인하기도 했었다. 그러나 탈북자 지원 단체나 브로커가 간여하고 탈북자들이 북경 주재 외국 대사관 진입을 시도하는 일이 빈번해지자 탈북 문제는 치안 문제로 간주되어 단속되고 있다. 다만, 대사관 진입에 성공한 탈북자들의 경우 국내법, 인도주의, 그리고 국제법을 고려해 추방 형식으로 남한행을 묵인하고 있다. 중국은 기본적으로 탈북자 문제를 '조용한 외교'로 대처하고 있지만, 그동안 많은 단속이 있었기에 탈북자들은 동남아시아로 방향을 틀었다. 그럼에도 중국에는 사실혼이나 취업 등의 형태로 상당수의 탈북자들이 거주하고 있다고 추정된다.

탈북자들은 중국의 단속을 피해, 중국 남쪽 국경이나 몽골 등을 경유해 태국 등 동남아 국가로 불법 입국하고 있다. 그런 점에서 중국과 태국은 적어도 탈북자 문제와 관련해서는 이해당사국이라 할 수 있다. 메콩 강을 끼고 서로 인접해 있는 라오스, 캄보디아, 태국의 국경 지대는 위험하지만 탈북자들의 탈출로로 선호되고 있다. 라오스와 캄보디아에는 수십 명의 탈북자가, 태국에는 수백 명의 탈북자들이 수용되어 있는 것으로 알려져 있다. (그러나 그 수는 정확하지 않다.) 태국 정부 역시 중국처럼 탈북자를 난민이 아닌 불법 입국자로 간주해, 체포 후 국내법에 따라 사법 처리를 하고 본인이 희망하는 국가로 추방한다. 라오스와 캄보디아의 추방 절차도 이와 비슷한 것으로 알려져 있다. 그렇지만 이들 동남아 국가들은 북한 인권 문제를 유엔에 공식 거론하는 데는 적극 나서지 않고 있다. 한국 정부는 추방된 탈북자들을 주로 국내에 입국시키고 있으나, 이들 가운데 간혹 미국행을 원하는 이도 있다고 한다.

유엔은 북한 인권 문제를 헌장 기구와 조약 기구에서 함께 다뤄왔다. 헌장 기구의 경우, 2003년 제59차 유엔 인권위원회에서, 그리고 2005년 제60차 유엔 총회에서 북한인권결의안이 통과된 이후 계속해서 결의안이 채택되고 있다. 결의안 내용은 북한이 일정 부분 인권 보호 장치를 마련하고 인권 개선을 위해 노력했음에도 불구하고 전반적으로 인권 상황이 열악하다는 점을 구체적으로 지적한 뒤, 북한이 스스로 혹은 유엔 등 국제사회와의 협력을 통해 인권 개선에 나설 것을 촉구하는 식으로 구성된다. 지금까지 헌장 기구에서 채택된 북한 인권결의안에서는 공개 처형, 정치범 구금, 종교의 자유 탄압, 탈북자 강제 송환 및 탈북자에 대한 처벌, 식량 접근상의 제약 등이 계속 거론되어왔다. 또 2004년 제60차 인권위에서 채택된 결의안에서 북한 인권 특별보고관을 임명하기로 한 후 지금까지 이 특별 절차가 유지되고 있다. 유엔 인권이사회는 2010년 6월 임기가 만료된 비팃 문타폰Vitit Muntarbhorn 북한 인권 특별보고관 후임으로 전 인도네시아 국가인권위원장 출신의 마르주키 다루스만Marzuki Darusman을 임기 1년의 새 북한 인권 특별보고관으로 임명했다.

북한은 유엔 인권위(2006년 이후는 인권이사회)와 총회의 인권 결의안 채택을 내정 간섭 혹은 이중 잣대라며 비난하고 있다. 그러한 연유로 임명된 북한 인권 특별보고관의 북한 방문을 전면적으로 거부하고 있다. 다만, 북한은 신설된 보편적정례 검토에 대해서는 협조하는 자세를 취하고 있는데, 2009년 11 ~12월 사이 국가 인권 보고서를 제출해 심의를 받았고 2010년 4월 제13차 인권이사회에서 그 결과가 채택되었다.[42]

한편, 북한은 4개의 국제 인권 규약에 가입해 해당 조약 기구로부터 인권 실태를 평가받고 있다. 북한은 1981년에 자유권규약과 사회권규약에 가입한 이후 1990년 아동권리협약, 2001년 여성차별철폐협약에 가입했다. 이들 국제 인권 규약에 가입한 후 북한은 4개의 조약 기구에 각각 인권 보고서를 제출해 심의를 받아왔다. 그러나 북한의 보고서는 종종 기한을 넘겨 제출되었고 내용이 충분하지 않다는 지적을 받아왔다. 북한은 자유권규약 이행 1차 보고서를 1983년, 1984년(보충보고서)에 각각 제출한 뒤 15년 만인 1999년에야 2차 보고서를 제출했다. 사회권규약 보고서 역시 1차 보고서를 규약 가입 8년 후인 1989년에, 2차 보고서를 2002년에 각각 제출했다. 북한이 대표적인 이 두 국제 인권 규약에 남한보다 빨리 가입했으면서도[43] 이행 보고서 제출에서는 지연되었다는 모순적인 사실은 북한의 규약 가입이 냉전기의 체제 경쟁 차원에서 이루어진 조치임을 알 수 있다. 이후에도 북한은 아동권리협약 이행 보고서를 1996년, 2003년에 각각 제출해 심사받았고, 그에 비해 가장 최근에 가입한 여성차별철폐협약의 경우에는 이행 보고서를 가입 이듬해인 2002년에 제출했다.

북한은 아직 인종차별철폐협약, 고문방지협약, 이주노동자권리협약, 장애인권리협약에 가입하지 않고 있다. 조약 기구에 의한 가입국의 해당 인권 실태 보고서 평가 작업은 가입국의 보고서 제출, 가입국 대표단의 출석 및 답변, 현장 방문, 보충 보고서 제출, 조약 기구의 최종 견해 채택 등 비교적 실무적인 절차를 밟기 때문에 정치적 논란이 적고 가입국의 협조가 잘 이뤄지는 편이다. 그러나 문제는 그런 절차와 최종 견해 채택이 아무런 구속력이 없고 심지어는 인권 침해국 정부를 향한 국제사회의 비판을 완화하는 데 이용될 수도 있다는 것이다.

마지막으로 북한 인권에 관심을 갖는 비정부 기구들의 활동을 살펴보자. 1990년대 후반에는 주로 인도적 지원 단체들이 북한의 식량난과 탈북자 보호에 관심을 가졌다. 그 후 2000년대 들어서 국제 인권 단체들은 탈북자들의 증언을 바탕으로 한 북한 내의 인권 상황에 관심을 갖고, 유엔 인권위원회에 북한인권결의안을 상정하는 데 기초 자료를 제공하거나 제네바 회의에 참석해 결의안 지지 여론을 조성하기도 했다. 그 과정에서 국제사회는 북한 인권에 대해 정보를 얻고 관심을 갖게되었다. 그러나 이들 인권 단체들은 북한의 인권을 어떻게 실질적으로 개선할 것인지에 대해서는 북한 정부를 비판하거나 경우에 따라서는 북한 정권의 교체를 추구하거나 탈북자 강제 송환을 비난하는 것 외에는 별다른 대안을 제시하지 못했다. 핵 개발, 경제난, 남북한 분단 상황 등 북한의 대내외적 상황을 살피며 실효적인 인권 개선 방안을 제시하기란 매우 어려운 일이어서, 북한 인권에 관여하는 대부분의 국제 인권 단체들은 국제 인권 규약을 근거로 북한 인권 상황을 알리고 북한 정부를 비판하는 일에만 초점을 맞추어왔기 때문이다.

여기서 북한 인권을 다루는 모든 국제 인권 단체의 주장과 행동이 북한 인권 개선에 기여하는지에 대해 생각해볼 필요가 있다. 가령, 6자회담에서 북한 인권 문제를 다뤄야 한다는 주장이 급진 변화형 북한 인권 운동에 참여하는 단체들 사이에서 나오고 있다.[44] 이들의 주장 중 일부는 냉전 시기 동서 양 진영의 35개국이 합의한 헬싱키협정Helsinki Final Act을 모델로 하고 있다. 1975년 체결된 헬싱키협정의 '10대 국가 관계 원칙'에는 인권 조항이 포함되어 있다. 그런데 소련 등 공산권이 인권 보호 조항을 수용한 것은 중동부 유럽으로 확대된 정치군사적 영향권(독일과 폴란드, 체코슬로바키아의 경계선을 국경선으로 획정하는 것을 포함)을 서방 진영으로부터 인정받기 위해서였다. 즉 공산권은 안보상의 이익을 얻는 일종의 대가로 인권 조항을 수용한 것이었다.[45] 당시 서독과 프랑스는 소련을 비롯한 공산권 국가들과 국교를 정상화하고 경제 지원 및 협력 관계를 진행하고 있었다. 헬싱키협정을 이끌어낸 유럽안보협력회의Conference on Security and Cooperation in Europe(CSCE)의 이러한 역사적 사례를 보면 6자회담 참여국들은 북한(과 중국)이 인권 의제화에 반대하지 않도록 그들의 이익을 고려할 필요가 있다.

북한 인권을 6자회담의 의제로 삼아야 한다고 주장하는 인사들 중 일부는 나아가 북한 정부의 대규모 인권 침해의 책임을 물어 김정일 국방위원장을 국제형사재판소에 제소해야 한다는 캠페인을 벌이고 있다. 북한 인권을 유엔 안전보장이사회에서 다루어야 한다는 주장과 움직임 역시 형사재판소 제소와 유사한 정치적 캠페인으로 볼 수 있겠다.[46] 국제형사재판소 규정의 특징을 살펴보면 그런 주장을 판단하는 데 도움이 될 수 있다. 첫째, 국제형사재판소는 개별국의 관할권 행사가 불가능하거나 개별국이 관할권 행사를 포기한 중대 범죄를 다룰 수 있다(보충성의 원리). 둘째, 그때 다룰 수 있는 사안은 국제사회가 관심을 갖는 4대 중대 범죄, 즉 집단 살해, 전쟁 범죄, 반인도적 범죄, 침략 범죄로 한정된다. 셋째, 재판소 규정은 모든 국가가 동의하는 국제관습법의 범위 내에 머물러 있어야 한다.[47] 김정일 국방위원장 제소는 첫 번째 요건에 비추어서는 불가능하고, 두 번째 요건의 경우 유엔 안팎의 북한 인권 보고서만을 놓고 볼 때 객관적인 사실 확인과 4대 중대 범죄인지에 대한 판단이 어렵다. 셋째, 만약 김정일 위원장이 4대 중대 범죄 혹은 그중 일부를 자행했다고 볼 경우에 2차 세계대전, 유고, 르완다 등지에서의 전범 재판과 같이 국제사회의 전반적인 동의하에 재판이 성립될 수 있을지는 대단히 회의적이다. 그렇다면 김정일 국방위원장을 국제형사재판소에 제소해야 한다는 일각의 움직임은 다음 세 가지 중의 하나라는 비판을 받을 수 있다. 첫째, 일국의 인권 문제에 성급하고 과도하게 개입한 것이거나, 둘째, 북한 인권을 북한 정권 교체를 위한 명분으로 이용하는 정략적 접근이거나, 셋째, 그런 행동에 참여하는 개인이나 조직의 명성을 높이기 위해 일국의 인권 문제를 활용하는 처사이거나. 그런 급진 변화형 북한 인권 운동 단체들이 미 행정부의 재정 지원을 받음으로써 운동의 순수성을 의심받고 있다는 것, 그리고 인권의 보편성을 명분으로 북한 인권 문제에 개입하면서도 정작 자국의 인권 문제에는 침묵하고 있다는 것 또한 지적해둘 필요가 있다.

북한 정권에 대한 창피 주기naming and shaming 전술이나 압박, 나아가 정권 교체와 같은 활동에는 북한 인권에 대한 국제적 관심과 그 책임 소재를 뚜렷이 밝힌다는 의의가 있을지 모르지만, 북한 정권을 적으로 놓음으로써, 실질적 개선으로 나가야 할 단계에서 오히려 악수(惡手)를 두는 것이나 마찬가지이다. 이들은 북한 정권이 독재 정권이고 북한이 폐쇄 사회라는 점을 들어, 북한 인민 스스로에 의한 인권 개선의 잠재성을 무시하고 자신들이 대신 북한 인권 상황을 개선해주겠다는 십자군식 발상마저 보이고 있다. 그 바탕에는 인권이란 대의를 위해서는 타자를 무시해도 좋다는 독선과 평화나 인도주의 등 다른 보편 가치는 부차적인 것으로 치부해도 무방하다는 논리가 깔려 있는지도 모른다. 북한 인권에 대한 이들의 인식은 자유권에 한정되어 있고, 사회권이나 전쟁과 남북 분단으로 인한 인도적 사안은 외면하고 있다. 이들은 때로 자유권이 아닌 인권을 다루는 경우에도 북한 정권을 비판·부정하는 근거로 삼을 따름이지, 해당 인권의 성격과 특징을 감안해 어떻게 개선을 할 것인지에 대한 실질적 대안은 제시하지 못한다. 이는 인권의 불가분성과 인권의 통합적 접근과는 거리가 먼 것으로서, 반인권적인 사고와 방법으로 인권 개선에 나서는 자기모순을 보여준다. 인권은 목적인 동시에 수단과 과정이고, 배제와 차별이 아니라 포용과 연대로 발전해왔다는 사실을 역사가 말해준다.[48]

2. 북한 인권 문제를 둘러싼 쟁점

(1) 인권관의 대립

북한 인권을 둘러싼 입장 차이는 구체적인 사안에 대한 각각의 입장 차이라기보다 북한에 대한 입장(대북관)과 인권을 어떻게 정의하느냐(인권관)의 문제와 깊이 결부되어 있다. 북한은 남한과 다시 하나로 합쳐야 할 동포이기도 하지만 전쟁을 치르고 군사적으로 대치하고 있는 적대 세력이기도 하다. 북한을 동포라는 관점으로 보는 경우 화해와 협력이 우선이므로 북한 인권 문제는 부차적인 것으로 간주될 수 있는 반면, 북한을 적이라는 관점으로 보는 경우 북한의 약점인 인권 문제는 반드시 다루어야 할 문제로 다가온다.

마찬가지로 인권을 보편주의 시각에서 볼 경우 북한 인권 문제를 적극적으로 다루어야 할 뿐만 아니라 필요할 경우 국제 사회는 강력한 수단을 동원해서 인권 개선을 이끌어내야 한다. 왜냐하면 북한 인권 문제는 분단이나 남북관계와 같은 한반도의 역사적 배경이나 민족 차원의 특수한 문제가 아니라 세계 보편적인 문제이기 때문이다. 인권은 체제와 이념, 종교, 인종, 피부색, 혹은 경제적 발달 수준을 초월해 항상 관심을 기울여야 할, 말 그대로 인류 공통의 문제이다. 따라서 북한이 분단된 한반도에서 군사적으로 남한과 대치하고 있고 사회주의 체제하에 있다는 것은 모두 부차적인 문제이고, 이러한 것들 때문에 북한 인권 문제를 제기하고 개선을 요구하는 일이 지체될 수는 없는 것이다. 그러므로 북한 인권을 보편주의 시각에서 볼 때 남북 화해 협력, 한반도 평화 정착, 그리고 인도적 지원을 강조하는 것은 북한 인권 문제를 덮어두자는 것으로 비칠 수도 있다. 세계에서 가장 심각한 인권 침해가 일어나고 있다는 북한을 두고 탁상공론을 지속하는 것은 시간 낭비이다. 국제사회가 단합해 적절한 방법으로 개선 방법을 강구하는 것이 가장 필요한 일이기 때문이다. 여기서 말하는 적절한 방법에는 북한 정권에 대한 비판은 물론 경제 제재, 외교적 고립, 나아가 군사적 방법까지도 포함될 수 있을 것이다.

그에 비해 상대주의적 인권관은 공동체의 인권은 그곳의 문화적 특성과 역사적 배경을 고려해서 판단해야 한다는 입장이다. 국제사회로부터 인권을 침해했다고 비판받는 국가들은 그런 비판이 공정하지 않다는 반론과 함께 상대주의적 인권관을 반박 논리로 이용한다. 그들은 인권은 인간이 추구하는 고귀한 가치인 것은 분명하지만 그 이상(理想)을 도구로 특정 국가의 인권 현실을 문제시하(고 반대로 다른 국가의 인권 문제는 거론하지 않)는 것은 인권 담론을 주도하는 강대국들의 이중 잣대라고 주장한다. 그러면서 상대주의자들은 특정 국가의 인권관이나 인권 실태는 그 나라의 문화 혹은 관습과 경제 상황에 따라 다양하기 때문에 일률적으로 재단(裁斷)하는 것은 위험하다고 주장한다. 결국 상대주의적 인권관은 특정 국가의 인권 문제에 대한 외부의 간여를 다른 정치적 목적이 개입된 것이거나 해당국의 인권 개선에 도움이 되지 않는 간섭에 불과하다며 배격한다. 그러므로 북한 인권 문제에서도 공동체주의적 전통문화, 위계적 사회 질서, 낙후한 경제 수준, 남한 및 미국과의 군사적 대치 상황 등의 사정을 고려해 북한 스스로가 자국에 알맞은 인권 개선 방법을 강구해야 한다고 본다.[49]

사실 북한이 국제사회의 비판에 대해 이중 잣대와 내정 간섭이라는 이유로 반발해왔다는 점을 보면 북한도 상대주의적 인권관을 취하고 있다고 할 수 있다. 물론 북한은 4개의 국제 인권 규약 가입국이고 헌법에 인권 보호를 명시하고 있기 때문에[50] 상대주의적 인권관에 완전히 기울어져 있다고 말하기는 어렵다.

인권은 분명 보편적이다. 그렇기 때문에 해당 국가나 지역의 특수성을 들어 국제사회의 인권 논의를 배격하는 상대주의적 관점은 '기본적으로' 옳지 않다. 사실 상대주의적 관점은 인권 분야가 아니라 문화인류학계에서 취하는 것이다.[51] 그러나 모든 국가의 인권 문제에 똑같은 방법으로 접근할 수 있다는 급진적 보편주의radical universalism[52] 혹은 탈(脫)맥락적 보편주의는 비현실적이다. 그런 사고를 실제 행동으로 옮길 경우 인권 개선은커녕 인권 침해를 조장할 우려가 있기 때문이다. 도널리Jack Donnelly가 말한 대로 인권의 보편성은 출발점이지 최종 목적지가 아니다.[53] 인권의 보편성과 절대주의적 접근은 전혀 다른 차원의 문제이다. 인권의 보편성을 구체적 현실에서 꽃피우기 위해서는 그 토양을 파악하는 것이 우선이다. 인권의 성격을 둘러싼 보편주의 대 상대주의 논쟁은 보편주의의 승리로 끝났다. 그러나 인권 신장을 위한 구체적 방법이 필요한 현장에서 인권의 보편성을 강조하거나 현실과 동떨어진 방법을 보편성의 이름으로 강요하는 것은 그 효과가 의심스럽다. 인권의 보편성과 현실적인 인권 신장은 해당 국가의 구체적인 역사, 정치경제적 상황, 국제사회와의 관계의 교집합 속에서 만날 수 있다. 필자는 이런 접근을 '맥락적 보편주의 contextual universalism'라 명명하고자 한다. 맥락적 보편주의는 국제 인권 규약의 보편성을 존중하면서도 단순히 그것을 외치기보다는 그것을 구체적인 인권 현실에 적용할 방법에 더 깊은 관심을 갖고 있다.

(2) 북한의 인권 실태
북한의 인권 실태는 전반적으로 대단히 열악한 것으로 알려져 있다. 유엔 북한 인권 특별보고관이 제출한 보고서와 유엔 인권위 혹은 인권이사회, 그리고 총회에서 채택된 북한인권결의안, 그리고 탈북자들의 증언을 바탕으로 한 국내외의 각종 북한 인권 보고서는 모두 북한의 인권 상황이 특정 부분이나 특정 시점에서가 아니라 전반적, 지속적으로 열악하다고 평가하고 있다. 이는 북한 주민들이 공포와 빈곤에서 벗어나지 못한 채 국제사회의 지속적인 관심과 지원을 필요로 하고 있음을 의미한다. 문타폰 유엔 북한 인권 특별보고관은 2009년 9월 4일 유엔 총회에 제출한 보고서에서 북한 주민들이 식량 부족, 공개 처형, 고문과 광범위한 억압에 시달리는 등 "전반적으로 북한의 인권은 여전히 대단히 나쁜 상태"라고 평가했다. 북한은 이런 국제사회의 평가에 동의하지 않고 있지만, 식량권과 의료권 등 부분적으로는 인권 상황이 어렵다는 점을 인정하고 있다. 2002년 4월 사회권규약위원회에 제출한 2차 이행보고서에서 북한은 노동자 간의 임금 격차가 있음을 간접 시사하고, 식량 생산이 급감해 인민 생활이 어려워졌다고 밝히고 있다. 그러나 북한은 공개 처형, 강제 수용소, 종교의 자유 탄압 등과 관련해서는 대내 법률에 따른 조치일 뿐이라며 국제사회의 비난을 내정 간섭으로 받아들이고 있다.

북한의 인권 상황이 전반적으로 열악하다는 평가에 대해 의문을 제기하는 경우가 없지는 않다. 이는 대체로 북한의 인권 실태 그 자체보다는 조사 방법론에 대한 문제 제기에 가깝다. 북한 인권 관련 보고서 내용이 북한 전역의 인권 상황을 말하는 것인지, 또 제시된 증언이 모두 사실인지 불확실하다는 지적이 있었다. 대부분의 북한 인권 보고서는 탈북자들의 증언을 기초로 작성되는데, 탈북자들은 대부분 함경도 인근의 국경 지대 출신이고, 북한에 대해 객관적으로 평가하기 어려운 입장에 있다는 것이다. 또 보고서들이 수십 년 전에 확인도 되지 않은 채 퍼뜨려진 북한 인권 상황에 대한 정보들을 (그동안 아무런 변화가 없었던 것처럼) 여전히 사실로 간주하고 있다는 지적도 있었다. 정치범 수용소에 20만 명이 수용되어 있다는 진술이 대표적인 예이다. 그 숫자는 처음 남한 측 정부 기관이 밝힌 이래 수십 년 동안 변함이 없고, 정치범 수용소라고 불리는 곳에 수용되어 있는 사람이 모두 정치범인지도 확인된 적이 없다. 또 북한 인권 보고서나 국제사회에서 다뤄지는 북한 인권은 주로 자유권에 치중되어 있어 균형적이지 못하다는 지적도 있다. 자유권을 중심으로 북한 인권을 논의하는 것은 서구의 시각을 반영한 것으로 북한의 사회권, 특히 생존권을 간과한 논의라는 비판이 가능하기 때문이다. 이러한 의견은 불확실하고 균형적이지 못한 북한 인권 보고서가 북한 정권에 대한 비판과 압력 수단으로 활용되고 있다는 주장으로 발전하기도 한다.

물론 사회권 측면에서도 북한의 인권 상황이 열악하기는 마찬가지이다. 통일연구원에서 매년 발간하는《북한 인권백서》와 북한 인권 단체인 '좋은벗들'이 펴낸 보고서 〈북한 식량난과 북한 인권〉은 공통적으로 북한의 사회권이 열악하다고 평가하고 있다. 예를 들어 좋은벗들의 위 보고서는, 북한에서 사회권은 식량난과 겹쳐 어린이, 여성 등 취약 집단의 건강권과 교육권이 위협받고 있고 개인의 경제 활동권이 이동의 자유 제한, 개인 영농의 권리 제한 등의 측면에서 침해받고 있다고 밝히고 있다.

결국 북한 인권 실태 보고서의 객관성, 균형성에 대한 문제 제기는 구체적인 실태 조사를 바탕으로 한 정확한 보고서 작성이 필요하다는 점을 보여준다.

(3) 북한 인권 문제의 원인

북한 인권 실태를 둘러싼 입장 차이보다는 오히려 북한 인권 상황의 악화 원인을 둘러싼 입장 차이가 더 뚜렷하다. 북한 인권이 전반적으로 열악하다는 것에 대해서는 우리 사회의 공감대가 형성되어 있다 하더라도 그 원인에 대해서는 좀처럼 의견이 모아지지 않고 있다. 객관적으로 볼 때 북한 인권 문제는 북한의 대내적 요인과 대외적 요인, 그리고 우연적 요인이 함께 어우러진 결과이다. 북한 인권 문제의 원인에 대해 대체로 진보 진영은 대외적 요인을, 보수 진영은 대내적 요인을 더 강조한다. 우연적 요인으로는 자연재해를 들 수 있는데, 양쪽 모두 이를 북한 인권 문제를 악화시킨 매개 변수intermediate variable로 인정하고 있지만 진보 진영이 그 영향을 상대적으로 더 강조하는 것처럼 보인다. 이때 진보 진영은 북한 인권의 범위를 북한 내의 인권 문제와 남북 간 인도적 문제를 포함하여 광범위하게, 보수 진영은 북한 내의 인권 문제에 주목하여 좁게 설정하는 경향이 있다.

보수 진영은 북한 인권 문제의 발생 원인을 북한의 정치, 경제 체제의 한계와 연결시킨다. 개인숭배를 강요하는 수령 중심의 일인 독재 체제가 시민의 자유를 억압한다는 것이다. 일인 독재 체제는 정치적 억압을 낳을 뿐만 아니라 사회 운영 및 경제 발전에 창의성을 불어넣지 못해 전반적으로 인권이 억압될 수밖에 없다. 북한 인권 문제의 원인을 대내적 요인을 중심으로 보는 입장에서는 대외적 요인(가령 미국의 경제 봉쇄, 남북 군사적 대치)을 중시하는 입장에 대해 한 국가의 인권 침해 원인을 외부로 전가시키는 무책임한 발상이라고 비판한다.

그럼에도 북한 인권 문제의 원인을 대내적 요인만으로 한정하는 것은 북한의 인권 상황을 구조적이고 포괄적으로 인식하지 못하는 것이라는 지적을 받을 수 있다. 우선, 대내적 요인으로만 논의할 경우 전쟁과 분단으로 발생한 인도적 문제들은 어디서 논의할 것인지가 문제가 될 수 있다. 이산가족, 납북자, 국군 포로가 북한의 인권 문제도, 남한의 인권 문제도 아니라면 그것을 어떤 범주에서 다룰 것이며, 어떻게 해결의 길을 찾을 것인지 의문이 남는다. 이 문제들은 남북한 공통의 인도적 문제로서 남북 대화에 의해서만 해결될 수 있다. 만약 이러한 문제들을 북한 내부의 요인에 의해 생겨난 인권 문제로 보아 그 책임을 북한 정권에 전가한다면 남북 간의 인도적 문제 해결의 실마리를 찾을 수 없을 것이다.

북한 인권 문제의 원인을 대내적 요인, 즉 일인 독재 체제로 규정한다면, 논리적으로는 그 원인을 제거하면 북한 인권이 개선될 것이다. 이는 정권 교체를 통한 북한 인권 개선을 주장하는 입장인데, 이들 가운데 일부는 북한 정권에 대한 두려움 때문에 북한 인권 문제에 대해 침묵해서는 안 된다는 지극히 감정적이고 강경한 입장을 보이기도 한다. 그러나 인권 발전의 역사를 돌이켜볼 때, 특정 정치 체제와 그 변화만을 인권 문제의 원인과 해결책으로 보는 것은 극단적이고 단순하다. 북한 관료와 주민 모두에게 부족한 인권 의식을 증진하는 방안, 경제적 낙후성을 주민의 권리 증진과 결부시켜 개선하는 문제, 미국의 경제 봉쇄와 남북 간 군사적 대치에 따른 과도한 군사비 지출과 군사 문화가 인권에 미치는 영향 등이 열악한 북한의 인권 상황과 무관하다고 볼 수 있는가? 북한 체제를 단선적으로 바라보면 북한의 복잡한 인권 상황을 이해하지 못할뿐더러 인권 개선을 위한 다양한 해결책을 찾을 수 없다.

북한 인권 문제에 대한 북한 정권의 책임을 무시할 수는 없겠지만, 대내외적, 정치적·경제적 요인 모두가 북한 인권 문제에 복합적으로 작용하고 있는 것은 분명하다. 그렇다고 일부 진보 진영의 주장처럼 대외적 요인만을 북한 인권 문제의 발생 원인으로 보는 것도 설득력이 떨어진다. 이처럼 북한 인권 문제의 일차적 요인을 둘러싼 다양한 입장 차이는 결국 북한 인권 개선 방향을 둘러싼 논의로 이어지고 있다.

(4) 탈북자 인권 문제[54]

1990년대 중반 북한의 식량난이 발생하면서 탈북자가 급증했고, 이후 재외 탈북자의 인권 문제는 국제적인 관심사가 되었다. 탈북 행렬은 오늘날까지 계속되고 있는데, 탈북자에 대해서는 탈북자 규모와 탈북 동기, 탈북자의 지위라는 세 가지 측면에서 논란이 벌어졌다.

우선, 탈북자 규모에 있어서는 추정치부터 큰 차이가 있다. 남한에 들어온 탈북자는 2010년 11월 말 현재 2만 명을 돌파한 것으로 집계되었다. 그러나 해외에 머물고 있는 탈북자들의 규모는 추정할 수밖에 없다. 추정치는 적게는 1만~2만 명에서 많게는 20만~30만 명까지로 격차가 크다. 이 추정치들은 일부는 샘플 조사를, 일부는 단순 추측을 근거로 한 것인데 그것이 탈북자가 분포되어 있는 전 지역을 대표할 수 있느냐의 문제가 제기된다. 그리고 그런 추정치는 대부분 1990년대 말까지의 상황을 반영한 것이기 때문에 최근의 재외 탈북자 규모에 대한 별도의 조사를 통한 추이 분석이 앞으로의 연구 과제이다.

최근의 탈북자 규모와 관련해서는 1990년대 후반 북한에서 극심한 식량난이 이어지던 때보다는 줄어들었다는 분석들이 나오고 있다. 그 이유로는 2000년대 들어 북한의 식량 상황이 이전 시기보다는 상대적으로 호전되었다는 점, 북한과 중국이 양국 국경 지대와 중국 동북 지방에서 탈북자 단속을 강화하고 있다는 점 등이 거론된다. 이 경우에도 탈북자 규모는 1만 명 안팎에서 10만 명까지 여전히 편차가 심하다.

둘째, 탈북 동기의 문제이다. 1990년대 후반 이후 주요 탈북 동기는 식량 부족 해결과 같은 경제적 생존 문제였다. 그렇게 본다면 탈북자를 일시적 월경자나 이주민으로 이해할 수 있을 것이다. 그러나 2000년대 들어서는 먼저 탈북한 사람들이 북한에 남은 가족을 함께 살기 위해 탈북시키는 사례, 외부 정보의 유입으로 보다 윤택한 생활을 할 수 있는 곳을 찾기 위해 탈북하는 사례도 나타나고 있다.[55] 물론 가장 큰 탈북 동기는 여전히 경제적 생존이지만 북한 체제에 대한 비판 의식이나 불만, 보다 나은 삶의 질 추구, 그리고 북한에서의 불법 행위에 대한 처벌의 두려움 등 탈북 요인이 다변화하고 있는 것은 분명하다.

셋째, 탈북자 지위의 문제이다. 경제적 생존을 위한 일시적 탈북 현상에 주목하는 사람들은 탈북자를 불법 월경자 혹은 이주 노동자migrant worker로 간주한다. 반면에 경제적 동기에 의한 탈북이라도 그 배경에는 북한 정권에 대한 강한 불신이 작용하고 있으며, 현실적으로도 북한에 되돌아갈 경우 처벌이 예상되기 때문에 탈북자를 난민refugee으로 보아야 한다는 주장이 맞서고 있다. 탈북자의 지위를 어떻게 볼 것인가는 이에 따라 탈북자 정책이 달라질 수 있으므로 대단히 중요한 문제이다. 가령, 탈북자를 불법 월경자나 이주자로 볼 경우 중국 등 탈북자들이 체류하고 있는 국가가 자국의 법에 따라 탈북자를 처벌하는 데 이의를 제기할 수 없으며, 단지 인도주의적 견지에서 탈북자의 한국행이나 현지 체류를 묵인해주는 것을 최선으로 볼 수 있다. 그리고 대북 인도적 지원과 경제 협력을 탈북자 문제를 해결하는 주요 방안으로 제시할 수도 있다. 반면 탈북자를 난민으로 규정한다면 탈북자가 체류하고 있는 국가가 국제난민협약에 가입했을 경우 탈북자를 보호해야 하고, 그렇지 않더라도 인도주의적 견지에서 북한에 강제송환해서는 안 된다. 특히 탈북자를 정치적 난민으로 볼 경우에는 북한 정부에 대한 정치적 비난과 압박도 정책 대안으로 선택할 수 있다.

한편, 탈북자의 난민 지위 부여를 둘러싼 논의가 무의미하다고 주장하는 사람들도 없지 않다. 왜냐하면, 설령 유엔 난민고등판무관실이 탈북자를 난민으로 간주한다 해도 당사국인 북한이나 중국이 이를 인정하지 않으면 아무런 실효가 없기 때문이다.[56] 이들은 탈북자에 대한 현지 보호, 강제송환 방지, 남한 입국 등 가능한 방법으로 탈북자들을 보호하고 정착시키는 일이 중요하지 그들에 대한 지위 규정은 중요하지 않다는 실용적 입장을 보이고 있다.

(5) 북한 인권의 개선 방향

북한 인권의 개선 방향은 북한 인권 문제의 원인을 어떻게 보는가에 달렸다. 대내적 요인을 강조하는 쪽은 북한의 정치·경제 체제 변화를, 대외적 요인을 강조하는 쪽은 북한의 대외적 환경 개선을 기본 방향으로 제시한다.

먼저, 북한의 정치·경제 체제의 변화를 북한 인권 개선 방향으로 제시하는 쪽은 북한 민주화를 현실적인 대안으로 내놓는다. 프랑스 혁명, 미국 독립 전쟁, 러시아 혁명에서 보듯이 인권 발전의 역사에서 커다란 분수령을 이룬 것은 정치 체제의 변화라는 것이다. 인권을 억압하는 정권은 민중의 이름으로 교체되어야 한다. 이것이 정치적 권리의 본질이라 말할 수 있다. 하지만 강력한 독재 체제하에서 북한 주민들이 정권 교체를 추진하는 것은 어려운 일이기 때문에 외부 세력이 나서서 그 일을 대신 해야 한다는 주장으로 이어지기도 한다.

정권 교체를 통해 북한을 자유민주주의 국가로 만들고자 하는 '북한 민주화론'은 북한 인권을 정치적 자유를 중심으로 파악하는 경향이 있다. 예컨대, 이들은 북한에서는 주민들의 집회·결사·종교·표현의 자유 등이 보장되지 않고 있으며, 정치범 수용소가 운영되고 있고, 공개 처형이 자행되고 있다는 점을 강조한다. 그리고 북한 주민들의 경제적 궁핍의 원인도 북한 정권의 독재와 무능에서 찾고 있기 때문에 북한 인권 개선을 위해서는 북한 정권의 '평화적' 타도가 필요하다고 주장한다.

그러나 북한 민주화론 비판자들은 이 주장이 인권이 체제를 초월한 보편적 문제임을 스스로 부정하는 논리적 한계를 안고 있다고 본다. 북한 민주화론은 북한의 정치 체제를 근본적으로 불신하고 자유민주주의 체제하에서 인권이 신장된다는 입장을 전제하고 있다. 인권은 특정 정치 체제에 대한 호불호(好不好)를 말하지 않고 모든 정치 체제가 그 사회에서 용인되는 한계를 설정한다.[57] 또 북한 민주화론 비판자들은 우선적인 북한 인권 개선 과제는 북한 정권 타도가 아니라 북한 주민들의 생존권 보호라고 생각한다. 또 이들은 북한 정권이 북한 주민들의 인권을 악화시킨 책임에서 벗어날 수 없는 것은 분명하지만 남북 간의 군사적 대치, 미국의 경제 제재, 자연재해 등 다른 요인들도 함께 논의해야 한다고 지적한다. 그러지 않고 북한 정권 교체를 추구한다면 북한 인권 개선을 위해 물리적 충돌을 초래하는 반인권적 상황에 직면할 수도 있을 것이다. 결국 북한 민주화론은 민주화에 있어 북한 주민의 역할을 찾지 못할뿐더러 인권을 더 악화시키는 딜레마에 빠질 우려가 있다.

이와 달리 북한 인권 개선에 단계적으로 접근하는 입장도 있다. 생존권을 강조하는 입장은 북한 인권 향상에 있어서 북한 정치 체제에 대한 호불호가 아니라 북한 주민이 살아남아 인간다운 삶을 준비하는 것이 중요하다고 본다. 생존권을 중시하는 입장에서 볼 때 북한 민주화론은 그 주요 대상이 북한 주민이 아니라 정권이고, 극단적으로 말한다면 북한 인권을 명분으로 정치 운동을 펼치는 것으로 보일 수 있다. 물론 생존권을 강조하는 측에서도 국제사회의 역할을 부정하지는 않는다. 예를 들어 북한 주민들의 의식주 생활에 도움을 주는 식량이나 의약품 지원, 생산력 향상을 위한 경제 기술 교육, 그리고 인권 분야 기술 협력과 같은 영역에서는 국제사회의 역할이 확대되어야 한다고 인정한다. 그렇지만 생존권을 중시하는 가운데 인권 신장이 단계적으로 이루어져야 한다는 주장은 비판의 여지가 있다. 왜냐하면 인권의 불가분성과 인권 개선을 위한 통합적 접근을 상기할 때 인권 개선의 순서를 정해놓고 접근하는 것은 타당성과 현실성에서 모두 문제가 있기 때문이다.

한편, 북한의 대외 환경 개선을 대안으로 보는 입장은 북한 인권은 북한 스스로 개선하는 것이 맞고, 그렇다면 국제사회는 북한이 인권 개선에 나서도록 여건을 조성하는 것이 중요하다고 본다. 이는 한반도 정전 체제를 청산해 북한이 국제사회의 흐름에 발맞춰 개혁 개방 정책을 취하게 만들려는 노력과 연결된다. 정전 체제를 평화 체제로 전환하고, 북한이 미국, 일본과의 관계를 정상화하고, 남북한이 협력 관계를 제도화해나갈 때 북한의 자유화, 민주화, 인권 신장도 따라올 수 있다고 본다. 이에 비해 북한 민주화론은 원칙적으로 한반도 평화 체제의 필요성을 부인하지는 않으나, 실제로는 한반도 평화 체제보다는 북한 인권 문제를 우위에 놓고 있다. 그 이유는 평화 체제가 북한 정권을 연장시킬 가능성이 있고 현실적으로도 김정일 정권은 인권을 신장할 능력과 의지가 없다고 보기 때문이다.

앞에서 살펴본 바와 같이 다섯 가지 북한 인권 문제를 둘러싼 쟁점은 현재 우리 사회가 북한 인권의 실태와 원인, 해법을 두고 다양한 입장 차이를 보이고 있으며, 각기 자기 입장만 합리적이고 상대의 입장은 비합리적이라는 논쟁 구도를 보이고 있음을 시사한다. 북한 인권의 범주와 그 원인, 그리고 탈북자 등에 관한 입장 차이는 역설적으로 어느 한쪽의 입장이 아니라 양쪽의 입장을 동시에 취할 때 온전한 이해와 합리적 접근이 가능함을 말해준다. 다양한 입장 차이는 북한 인권에 관심이 있는 모든 그룹이 서로 개방적인 자세를 취하고 공감대를 이루면 극복할 수 있다. 그러나 북한 인권 문제를 둘러싼 입장 차이 뒤에는 북한, 대북 정책, 그리고 인권 일반에 대한 인식과 접근 방법의 차이가 무겁게 자리하고 있다. 이는 북한 인권의 신장은 '인권' 자체만이 아니라 남북관계, 한반도 평화, 그리고 북한의 개혁 개방 등 '북한'이 처한 다른 관심사와 주변 환경과 연계되어 있음을 말해준다.

3. 기존의 논의들에 대한 비판

(1) 기존 논의의 성과

인권 침해가 광범위하고 지속적으로 일어나는 국가의 경우, 인권 개선을 향한 초기 단계에서 국제사회의 역할은 대단히 중요하다. 왜냐하면 인권 침해국에서 국가권력의 힘은 세고 시민 사회의 힘은 약하기 때문이다. 유엔과 같은 정부 간 기구(IGO)와 인권 단체와 같은 국제 비정부 기구(INGO), 그리고 유럽연합과 미국 같은 서방 국가들의 소위 초국적 인권 네트워크는 인권 침해국의 인권 상황을 국제적 관심사로 부각시키고, 비판이나 제재 등 다양한 수단을 동원해 인권 침해국에 압력을 가할 수 있다. 그렇게 함으로써 정권의 인권 침해를 약화시키고, 나아가 인권 침해국의 시민들이 정권에 저항하도록 지지와 성원을 보낼 수 있다. 그 경우 정권은 국제적 고립을 피하고 대외 관계에서 이익을 얻기 위해 도구적 혹은 전술적 차원에서 일시적, 부분적이나마 양보 조치를 취할 수 있다. 가령, 인권 침해국 정권은 구속된 정치범의 일부를 석방하거나 국제기구와의 대화에 나설 수 있다. 특히 인권 침해국이 경제적, 군사적으로 대

외 의존도가 높으면 정권은 국제적 압력에 더 취약할 수 있다.[58)]

분단 이후 남북은 체제 경쟁 차원에서 상대방의 인권 문제를 상호 비난의 소재로 활용해왔다. 그러나 1980년대 후반 들어 남한이 민주화되고 냉전 체제가 붕괴되면서 북한 체제의 붕괴도 전망되었다. 물론 그런 기대 섞인 예측은 빗나갔으나, 1990년대 중반에 접어들어 북한에서 대규모 아사자가 발생하고 북한 인권 문제가 국제사회의 특별한 관심을 끌기 시작했다. 대량 탈북자의 발생 자체가 북한 주민의 생존권이 위태로운 상태에 있다는 사실을 부각시켰고, 탈북자들의 증언을 통해 북한의 인권 실태가 지극히 열악하다는 것이 알려졌다. 이제 북한 인권 문제는 서울은 물론 제네바, 뉴욕, 도쿄 등에서 국제적 관심사로 부각되기 시작했다. 구체적인 일례로 유엔 인권 기구에서 북한 인권 문제가 다뤄지기 시작했다.

1993년부터 유엔 인권위원회 내의 '자의적 구금에 관한 실무 그룹The Working Group on Arbitrary Detention(WGAD)'은 독일 유학 중 가족과 함께 자진 입북했다가 홀로 탈출한 오길남의 북에 남아 있는 가족이 자의적 구금을 당했는지 여부에 대해 북한 정부에 확인을 요청했다. 이어 1995년 열린 유엔 인권위원회에서 유럽연합과 미국의 대표와 국제 인권 단체들이 북한 인권 문제를 거론했다. 이후 유엔이 북한 인권 문제를 다루기 시작한 것은 인권위 산하 전문가들로 구성된 인권소위원회에서였다. 1997년과 이듬해에 열린 인권소위원회에서 북한인권결의안이 채택되었다. 결의문에는 북한에서의 자의적 구금과 여행의 자유 제한, 정치범 수용소 운영, 그리고 북한 정부의 자유권규약 2차 이행 보고서의 미제출 문제 등을 담았다. 두 번의 유엔 인권소위 결의안 채택은 비록 구속력은 없지만 이후 인권위와 총회에서 채택된 북한인권결의안의 틀을 제시했다. 실제로 1998년 50차 인권소위에서 채택된 결의안에는 인권위원회가 북한 인권 상황을 다뤄줄 것을 권고하는 내용이 포함되었다. 마침내 국제사회는 핵 문제에 이어 인권 문제로 북한을 다시 주목하게 된 것이다.

인권소위나 인권위에서 채택된 결의안이 구속력을 지니지 못하기는 마찬가지이다. 그러나 인권소위가 인권 전문가로 구성된 인권위의 자문 기구라고 한다면, 인권위는 회원국 대표들로 구성된 협의 기구이다. 나아가 인권위는 각국의 이해관계나 외교 관계가 크게 작용하는 장이기 때문에 자국의 인권 문제가 상정되는 것은 국가 이미지를 비롯한 국가 이익에 나쁜 영향을 미칠 수 있다. 따라서 인권위원회에서 국가 차원의 인권 결의안을 상정하는 것은 쉬운 일이 아니다. 유럽연합과 그 회원국들, 그리고 미국, 일본 등과 같은 주요 서방 국가들은 유엔 인권위에 북한인권결의안을 상정하기로 하고 그 내용을 준비하는 동시에 결의안 채택을 지지하는 국가들을 조직하는 일에 착수한다. 이때 일부 북한 인권 관련 전문가와 단체도 북한 인권 문제를 유엔 인권위에 상정하는 데 적극적인 역할을 했는데, 미국의 인권 컨설턴트 데이비드 호크David Hawk와 한국의 시민 단체인 북한인권시민연합이 대표적이다. 북한인권시민연합은 2003년에는 프라하에서, 2004년에는 바르샤바에서 제네바에서 열리는 유엔 인권위 개최 직전 북한인권국제대회를 열어 인권위에 상정할 북한인권결의안 내용과 회원국들에 대한 로비 전략을 마련하는 방법을 논의했다.[59] 거기에 호크도 참여했고, 그는 독자적으로 미국 정부에서 흘러나오는 조사 기금으로 북한의 수용소 문제를 다룬 보고서를 펴내기도 했다.[60]

북한인권결의안을 유엔 인권위원회에 상정하고 채택하는 데에는 유럽연합 회원국들, 특히 그해 의장국과 영국, 프랑스가 주도적인 역할을 해왔다. 이 점을 고려하면 결의안에 대한 북한의 "미국이 사주한 공화국 압살 책동"이라는 비난은 사실과 거리가 있다. 북한은 2000년 이후 유럽연합 대부분의 국가들과 수교해 정치 대화에 응하기도 했지만, 유럽연합이 계속 북한인권결의안을 제출하자 대화를 중단했다.

2003년부터 2005년까지 3년 동안 유엔 인권위에서 북한인권결의안이 잇달아 채택되었다. 이에 대해 북한은 "주권 침해", "이중 잣대"라고 반발했지만 북한의 입장에 동조하는 나라는 중국, 쿠바, 시리아 등 소수에 불과했다. 그동안 북한 인권 문제에 적극적이지 않았던 국제사면위원회Amnesty International, 휴먼라이트워치Human Rights Watch, 프리덤하우스Freedom House 등의 주요 국제 인권 단체들도 태도를 바꾸기 시작했다. 휴먼라이트워치의 경우 한국 등 주변국들을 방문해 탈북자들과 북한 인권 단체 관계자들을 만난 후 되돌아가 탈북자 인권 보고서를 작성·발표하기도 했다. 한국에서 북한 인권 문제를 국제화하는 데 기여해온 단체가 북한인권시민연합이라면, 미국에는 프리덤하우스가 있다. 프리덤하우스는 비정부 기구를 자처하지만 미국에서 북한인권법이 제정되던 시기에 즈음해서부터 미 행정부의 기금으로 매년 북한인권국제대회를 열고 있다. 이 행사는 미국은 물론 한국, 벨기에, 이탈리아 등 세계 각지에서 개최되었다. 이 행사는 각국의 외교관, 인권 전문가, 인권 활동가들이 참석해 북한 인권 관련 정보를 공유하고, 향후 행동 목표와 전략을 논의하고 협력망을 짜는 등 일종의 초국적 네트워크를 형성한다.

2003년 유엔 인권위에서 북한인권결의안이 채택된 것은 이러한 초국적 네트워크가 북한 인권 문제를 국제사회의 관심사로 부각시키는 데는 성공했음을 보여주는 사례이다. 2005년부터 북한인권결의안은 유엔 총회와 인권이사회에서 계속해서 채택되고 있다. 잇따른 인권결의안 채택은 북한에는 인권 침해국이라는 오명을, 북한 정권에는 국제적 고립과 비난을 가져다주었다. 2005년 60차 유엔 인권위 북한인권결의안에 근거해 북한 인권 특별보고관이 임명되면서 매년 북한 인권 실태 보고서가 제출되고 있다. 문타폰 보고관이 매년 제출해온 북한 인권 실태 보고서가 그것이다. 그가 2010년 3월 마지막으로 유엔에 제출한 보고서에 담은 다음의 내용은 국제사회를 향해 북한 정부의 인권 억압을 비난하고 개선에 나설 것을 촉구하고 있다.

비민주적이고 사실상 전체주의적인 성격을 지닌 북한 정권은 엘리트 계층에 속하지 못한 일반 대중에게는 '공포국가' 또는 '거대한 감옥과 같은 국가'를 만들어내고 있다.
북한의 보통 사람들이 겪는 고통이 매일 계속되고 있으며, 그들은 길고 어두운 터널이 끝나기를 기다리고 있다.

물론 북한 정부는 북한 인권 특별보고관 제도 자체를 부정하고 있기 때문에 특별보고관의 보고 내용도 부인하고 있다. 그렇지만 일반적으로 권위주의 정권이 정권 이미지와 관련한 대외 여론에 민감하다는 점을 감안할 때 북한 정권 역시 국제사회의 비난과 압력을 무작정 무시할 수는 없을 것이다. 결국 국제기구, 인권 단체, 관련 국가 등이 참여하는 초국적 네트워크는 국제 여론의 틀과 방향을 제시하는 역할을 한다. 이 네트워크는 북한 정부에 인권 침해의 책임을 묻고 인권 개선의 의무를 강하게 촉구하는 창피 주기 전략을 효과적으로 수행하는 것으로 보인다.

반면, 그런 광범위하고 지속적인 국제적 압력이 아직까지는 북한 내부의 인권 옹호 활동Advocacy과 결합하거나 북한 시민들의 인권 개선 역량을 고무하지는 못하고 있다. 초국적 네트워크가 손잡을 북한 내의 인권 옹호 세력이 뚜렷하게 드러나지 않기 때문이다. 물론 북한은 체제 보존에 필요한 경제적 자원의 상당 부분을 해외에 의존하고 있지만, 의존 상대 대부분이 중국을 비롯한 대북 압력에 참여하지 않는 국가들이다. 또 북한은 장기간에 걸쳐 각종 제재를 받으면서 인권 개선 압력에 직면해왔지만, 그만큼 내성(耐性)이 쌓였는지 그러한 압력에 순응하지 않고 있다. 북한은 인권 문제를 대외 이미지 개선보다는 핵 문제와 같이 체제 안보의 시각에서 보고 있기 때문에 정치적으로 민감하게 반응하고 있다. 결국, 북한 인권과 관련된 국제사회의 초국적 네트워크는 북한 인권 문제를 국제적 관심사로 부각시키고 북한 정권을 압박하는 역할을 잘 수행하고 있지만, 북한 시민과의 연계 부족과 북한 정부의 반발로 그 효과는 극히 제한적이다. 물론 북한 인권 개선을 위한 국제적 관심과 압력은 계속될 필요가 있다. 그렇지 않으면 인권 침해국의 인권 상황은 더 열악해질 수 있다는 것이 역사적 교훈이기 때문이다.[61]

그러면 이제부터는 국내외에서 북한 인권 문제를 다루는 과정에서 나타나는 문제점을 다섯 가지로 나누어 살펴보자. 북한 인권 개선을 외친다고 그것이 모두 북한 인권 개선에 기여한다고 말하기는 어려울 것이다. 북한 인권 개선에 도움이 되지 못하거나 심지어 반인권적인 점들을 분별할 때 오히려 실질적인 개선 방법을 찾을 수 있을 것이다. 아래에서 제시한 문제점들 대부분은 북한 인권 개선을 추구하는 행위자들의 인식과 행동을 성찰하게 하는 계기가 될 것이다. 또한 인권을 비롯한 보편적 가치 실현을 위해 타자의 변화를 추구할 때 자신은 타자보다 더 높은 도덕성을 요구받는다는 점도 염두에 두어야 할 것이다.

(2) 선택주의 비판

북한 인권 개선 활동의 문제점 중 한 가지는 특정 영역의 인권을 포함하거나 배제하는 선택적 태도이다. 이는 인권의 총체성(불가분성)을 훼손하는 것으로서 특정 집단의 이익 혹은 이념에 의해 인권이 부분적으로만 호명될 수 있음을 보여준다.

근대 시민사회의 출현 과정에서 인권은 백인, 자산 계급, 남성의 권리로만 인식되었다. 제국주의 시대를 거쳐 2차 세계대전 직후의 서방에서도 참정권을 포함한 여성의 권리는 인정받지 못했고, 제국주의 국가들은 약소국의 민족자결권과 소수 민족의 문화적 전통을 누릴 권리를 침해했다. 냉전 시대 들어서는 자유 진영과 공산 진영이 각각 자유권과 사회권 중심의 인권관을 내세우며 상대 진영의 인권관을 비난하는 희극이 벌어졌다.

이제 공산권의 붕괴로 냉전 체제가 해체되었으니 자유 진영의 인권관이 승리한 것인가? 냉전 시대에 반공을 위해 인권 탄압에 나선 독재 정권을 비호하던 미국은 이제 전 세계의 인권 신장을 선도하는 국가로 자처하고 있다. 미국은 자유권을 중심으로 인권을 파악하는 대표적인 나라이다. 그리고 그 영향을 가장 많이 받고 있는 나라 중 하나인 한국에서도 자유권 중심의 인권관이 팽배해 있다.

미국 사회의 주류는 사회권을 인권으로 간주하지 않고 있다. 미국은 2010년 12월 말 현재 고문방지협약, 인종차별철폐협약, 자유권규약, 아동권리협약 등에 가입해 있지만 사회권규약은 비준하지 않고 있다. 다만, 미국은 1976년 1월 3일 사회권규약이 효력을 발휘하자 이듬해 10월 5일 서명만 했다.[62] 미 국무부가 매년 발간하는 세계 각국의 인권 보고서가 자유권 중심으로 이뤄져 있고, 별도로 종교자유위원회가 설립·운영되고 있는 것은 우연한 현상이 아니다. 미 국무부가 2010년 3월에 발표한 '2009년 인권 보고서'에서 "북한은 김정일 국방위원장의 절대적 통치하에 있는 독재 국가"이며 무단 처형, 고문, 강제 낙태, 영아 살해 등이 벌어지고 있다고 지적하고 있는데, 여기서 지적된 인권 침해 사례는 모두 자유권에 해당한다. 이 보고서는 북한 인권을 신체의 자유(불법 처형, 고문, 실종, 불법 체포 및 구금 등), 시민 생활의 자유(언론, 출판, 집회, 결사의 자유 등), 정치적 권리(참정권을 이용한 정권 교체 등), 정부 기구의 투명성, 외부의 인권 상황 조사에 대한 북한 정부의 태도, 차별 및 인신매매, 그리고 노동자의 권리(결사의 자유, 근로 조건 등)로 나눠 다루고 있다. 미 국무부의 북한 인권 보고서에서는 2002년 5월에 유엔 사회권규약위원회가 북한이 제출한 2차 이행 보고서를 심의한 후 내린 아래와 같은 내용은 찾아보기 어렵다.

    – 여성의 사회권 향유에 부정적인 영향을 끼치는 전통적인 관습과 태도가 여전히 남아 있고, 여성에 대한 차별을 금지하는 국내 입법의 부족과 정치, 행정 기구 및 산업 분야의 의사 결정 직위에 사실상의 남녀 불평등이 있다는 점
    – 사회 보장 제도가 보편적으로 적용되고 있는지를 확신할 수 없을 정도로 사회 보장 제도의 범위에 대한 정보가 빈약한 점
    – 1990년대 중반 이후 광범위한 기아로 인해, 특히 여성, 아동, 노인이 다른 집단보다 심각한 영향을 받고 있으며 적절한 지원을 제공받지 못한 점
    – 5세 미만 아동의 높은 만성 영양실조 비율(45%, 북한 정부 통계) 및 빈곤 관련 질병 발생률, 영아 사망률의 급증

미국에 본부를 둔 국제 인권 단체인 휴먼라이트워치도 자유

권에 초점을 맞춰 활동하고 있는데 북한 인권에 있어서는 여행의 자유, 연좌제에 의한 처벌, 죄수들에 대한 가혹한 처벌 문제에 관심을 집중하고 있다. 물론 휴먼라이트워치는 인도적 지원과 그에 대한 현장 접근도 촉구하고 있지만,[63] 이 단체가 냉전기 공산권 국가들의 인권 문제에 초점을 두고 활동한 헬싱키워치 Helsinki Watch를 모태로 하고 있다는 점을 고려하면 북한 정권에 의한 자유권 침해 문제에 관심을 집중하는 것은 이해 못할 바도 아니다. 자유권 중심의 미국의 인권관을 국제화하는데 앞장서고 있는 가장 대표적인 단체는 프리덤하우스이다. 단체 이름에서 잘 드러나듯이 이 단체는 세계 각국의 인권 상황을 자유권 중심으로 매년 평가하고 있다. 프리덤하우스는 다른 단체들을 물리치고 미국 정부의 지원금을 받아 워싱턴D.C., 서울, 브뤼셀, 로마 등지에서 북한인권국제대회를 열고 있다. 비정부 기구를 자처하는 프리덤하우스가 북한과 적대 관계에 있는 미국 정부의 재정으로 북한 인권 실태를 비판하는 것이 북한 인권 개선에 도움이 될지, 또 비정부 기구로서의 위상에 부합하는 활동인지 판단하는 것은 별로 어렵지 않을 것이다.

　미국을 비롯한 서방 국가들이 북한을 독재 국가로, 북한 최고 지도자를 독재자이자 인권 침해자로, 그리고 북한을 인권 최후진국으로 보는 데에는 북한이 자유민주주의 체제가 아닌 점, 게다가 기독교 국가가 아닌 점이 크게 작용하고 있다. 한국과 미국에서 북한 인권에 관심을 갖는 대표적인 집단이 기독교(보다 정확히 말해서 개신교) 진영이다. 대통령은 반드시 기독교인이어야 한다는 미국에서 종교의 자유가 북한과 같은 적대 국가에 대한 이미지를 결정하는 것은 자연스러워 보인다. 미국에서 북한 인권 운동을 전개하는 대표적인 인사 중 한 사람인 디펜스포럼재단의 수잔 숄티는 독실한 기독교 신자로서 북한이 종교의 자유 등 인권을 탄압하고 있기 때문에 "북한 정권의 교체" 혹은 "북한 해방"이 필요하다고 역설한다.

미국의 생활 양식과 이념은 한국 사회 전반과 한국인의 사고에 절대적인 영향을 미쳤다. 인권의 경우에도 마찬가지이다. '자유권=인권'이라는 등식이 대표적이다. 재미있는 예를 하나 들어보자. 2006년 1월 국가인권위원회가 국가인권정책기본계획National Action Plans for the Promotion and Protection of Human Rights(일명 인권 NAP)[64]을 정부에 권고했는데, 거기에는 비정규직 고용, 노사 쟁의 문제에 대한 언급도 포함되어 있었다. 이에 경제 5단체(전국경제인연합회, 대한상공회의소, 한국무역협회, 중소기업협동조합, 한국경영자총협회) 대표들은 인권위의 입장에 대해 "인권위는 개입해선 안 될 부분까지 나서고 있다", "인권위가 더 이상 노사 문제에 관여해서는 안 된다"[65]고 하면서 사회권을 인권에 포함시킨 것에 반발했다. 사회권을 인권에서 배제하는 이들은 식량, 주거, 교육, 보건, 환경, 여가, 문화 보존 등 인간다운 삶과 직결되는 사회권은 인권이 아니라 경제적 여건에 따라 국가가 제공하거나 아니면 개인이 알아서 해결할 문제로 보고 있는 것이다.

이런 자유권 중심의 인권관이 북한 인권에 적용될 경우 어떠한 현상이 일어날까? 정치범 수용소, 신앙의 자유 억압, 공개 처형 등에 초점을 맞춘 북한 인권 논의가 이뤄지면, 그 해결책은 김정일 정권의 교체이다. 임진각이나 휴전선 인근 지역에서 뿌리는 대북 전단에서 알 수 있듯이 북한 주민에 대한 인권 침해의 원인이 바로 독재 정권이기 때문이다. 그런데 북한 주민의 중요한 인권 중 하나인 생존권에 대한 얘기는 찾아보기 어렵고, 언급한다 해도 분배의 투명성 문제를 거론해 사실상 인도적 지원을 유보하는 결론에 이르게 된다. 한나라당이 중심이 되어 입법을 추진하고 있는 북한인권법안에는 "정부는 북한 인권 개선을 위한 사업과 인도적 지원을 연계해 실시해야 한다"라는 대목이 있다. 이는 남한의 판단 기준에서 볼 때 북한의 인권 개선이 미흡할 경우 인도적 지원을 축소하거나 중단할 수 있다는 말이다. 여기에서는 인도적 지원이 생존권 개선에 이바지한다는 인식은 찾아볼 수 없고 인도적 지원을 대북 정책 수단으로 이용하겠다는 사고(뒤에 나올 도구주의를 말함)만 보인다.

한국과 미국에 있는 많은 북한 인권 단체들이 공개 처형, 종교(기독교)의 자유에 주목하고 있는 것은 인권에 대한 선택주의의 단적인 예이다. 물론 북한 인권을 생존권으로 한정해 파악하는 입장도 선택주의의 또 다른 예이다. 북한 인권을 생존권 중심으로 파악하는 쪽은 그 원인을 미국의 대북 제재와 자연재해에서 찾고, 북한 정권의 책임을 무시하는 우를 범하고 있다. 북한 인권을 선별적으로 인식하는 태도는 인권관의 오류에 그치지 않고 전반적인 인권 개선 과정에 장애를 초래할 수 있다는 점에서 심각성이 크다.

(3) 근본주의 비판

인권 근본주의는 세계인권선언이나 국제 인권 규약과 같은 것들을 경전과 같이 받아들여 그것을 근거로 특정 국가의 인권 문제에 접근하는 독단적인 태도를 말한다. 근본주의의 대표 사례인 기독교 근본주의는 성경의 문구를 절대화해 모든 내용을 문자 그대로 믿는 것(성경 무오설)이 신앙의 근본이라고 주장한다. 보수적 복음주의로도 불리는 기독교 근본주의는 근대 합리주의는 물론 기독교 내 온건 복음주의자들도 배격한다. 인권 근본주의도 그와 비슷한 논리를 갖고 있다. 그런데 놀라운 것은 기독교 근본주의자들이 인권 근본주의의 중심에 있다고 말할 정도로 이 둘은 대단히 친화적이다. 기독교 근본주의자들은 종교의 자유를 명분으로 기독교 국가가 아니거나 기독교인을 탄압하는 것으로 간주되는 나라에 대해 "성전" 혹은 "정의의 전쟁"을 외치며 정권 교체를 주장하기도 한다. 한국이나 미국 등지의 일부 보수적 기독교인들이 근본주의적 시각으로 북한 인권 문제에 접근하며 북한 정권의 교체를 주장하는 것은 자연스러워 보이기까지 한다.

한국 교회의 특징으로 세계에서 유례를 찾기 어려울 정도로 교세를 급속하게 확장해온 점과 함께 반공 이념을 바탕으로 한 강한 보수주의 성향을 꼽을 수 있을 것이다. 한국에서의 정치적 보수주의 성향과 종교적 근본주의 경향은 서로 가까이 있는 것 같다. 그 둘을 연결해주는 것이 북한에 대한 시각이다. 한국기독교총연합회(한기총)는 보수적인 한국 교회를 대변하는 연합 기관이다. 한기총은 정관(定款)을 통해 성경이 유일 신앙의 원천임을, 그리고 공동신앙선언을 통해 성경 무오설을 공식 입장으로 밝히고 있다. 한기총의 이 같은 근본주의적 종교관이 "민주주의와 시장 경제를 근간으로 한 '대한민국의 정체성을 수호'하는 일에 앞장설 것"[66]을 결의한 보수적인 사회 인식과 상관성이 있는지 살펴보는 것은 흥미로운 연구 주제일 것이다. 한기총은 1989년 12월에 교회 일치와 연합을 천명하며 창립되었다. 사실 교회 일치 운동Ecumenism은 1924년 9월 24일 조선예수교연합공의회가 이미 전개했고 오늘날까지 한국기독교교회협의회(한교협)가 이어오고 있다. 그렇다면 한기총이 1989년에 교회 일치와 연합을 천명하며 별도로 창립된 것은 무엇 때문인지 궁금해진다. 한기총 창립은 그 시기를 고려할 때, 1988년 2월 한교협이 발표한 '민족의 통일과 평화에 대한 한국 기독교의 선언'이 반공주의에 바탕을 둔 보수적 한국 교회의 기성 관념에 도전하는 것으로 보인 데 따른 반작용이었다고 생각된다.[67] 한기총이 김대중·노무현 정부 10년간의 대북 포용 정책을 비판하면서 그에 대한 반발로 서울시청 앞에서 반북·반 김정일 '구국기도회'를 기획·주도한 것은 근본주의 종교관의 사회적 실천이라 말할 수 있을 것이다.[68] 한기총은 북한 인권 문제를 적극적으로 다루고 있고 심지어는 대표회장 선거에서 북한 인권 문제가 공약으로 제시되기도 했다. 보수 성향의 일부 교계 지도자들이 반공반북을 명분으로 군사 독재 정권을 위해 기도하고 장로 대통령을 무조건 지지하는 한편, 일반 대중들에게는 '말씀'으로 되돌아가 회개할 것을 촉구한 두 가지 태도가 아무런 연관성이 없는 것인지도 살펴볼 일이다.

한국의 근본주의적 기독교 인사들이 최근에 벌인 북한 관련 최고의 이벤트는 2010년 6월 25일 서울에서 가진 '조지 W. 부시 초청 6·25 60주년 평화기도회'이다. 행사를 주최한 한 목회자는 "부시 전 대통령이 평화통일과 자유에 대해 이야기하면 좋을 것"이라고 초청 이유를 밝혔다. 그러나 이에 비판적인 기독교 단체는 이 행사를 "기본적인 사회 역사적 양식조차 상실한 일부 개신교인들의 추문으로 역사에 기록될 것"이라고 비판했다. 전쟁을 일으킨 사람을 불러 평화기도회를 갖기로 한 주최측과 그에 흔쾌히 동의한 부시 전 대통령 사이에는 '악마로서의 북한'을 제거하는 데 희생을 치르는 것이 사명mission이라는 공감대가 형성되어 있다고 보아도 무리는 아닐 것이다.

전쟁과 분단을 겪은 한국의 교회가 북한(인권) 문제에 대해 근본주의적 인식을 보이는 것과 유사하게 미국에서도 북한에 대해 근본주의적 인식에 기반을 둔 대북 강경 정책이 맹위를 떨친 바 있다. 이와 관련된 대표적인 인물이 바로 부시 전 대통령이다. 부시 대통령이 미국 남부 기독교 근본주의 세력을 정치적 지지 기반으로 삼은 것은 널리 알려진 사실이다. '악의 축' 발언과 선제 핵 공격 독트린, 그리고 아프가니스탄과 이라크 침공에서 볼 수 있듯이, 부시는 기독교 근본주의에 입각해 국제 관계를 선악으로 가르고 그에 따라 '성전'을 벌였다. 부시 정부가 북한에 대해서도 김정일 정권의 교체를 추구하거나, 북한과의 대화를 보상으로 간주하거나, 우선적인 북핵 폐기를 주장한 것도 그 밑바탕에 북한 정권에 대한 적대감과 근본적 불신이 있기 때문이다. 부시 대통령이 북한 주민의 식량

난에 대해 동정하면서도 그 해결을 위해 인도적 지원보다는 북한 정권의 교체를 추구한 것도 그 연장선상에서 볼 수 있다.

미국에서도 북한 인권에 대한 관심은 주로 기독교인들 사이에서 나오고 있다. 부시 전 대통령을 비롯해 디펜스포럼재단의 수잔 숄티도 근본주의 성향의 기독교인이다. 숄티는 허드슨연구소의 마이클 호로위츠Michael Horowitz와 함께 김정일 국방위원장의 국제형사재판소 제소와 김정일 정권의 교체를 주장하고 있다. 숄티는 한국과 미국의 반북 보수 성향의 기독교 단체와 연대해 서울, 워싱턴 등지에서 활발한 활동을 전개하고 있다. 미국 내의 일부 한인 교회 단체 역시 북한 인권 운동에 적극 나서고 있다. 2004년 창립된 미주한인교회연합(KCC)은 북한 인권 개선과 탈북자 보호를 주요 활동으로 삼고 있다. 이 단체는 미국에서는 북한 인권 관련 여론 조성, 로비 활동, 그리고 탈북자 정착 지원 사업을, 북한을 향해서는 성경 배포, 지하 교인 및 북한 선교사 지원, 대북 전단 살포 등의 활동을 벌이고 있다.[69] 이 단체의 활동에서 흥미로운 점은 북한 인권 개선 운동과 북한 주민 전도 활동을 함께 추진하고 있다는 점이다.

인권 근본주의는 국제 인권 레짐이 발전해온 과정을 무시하고 문자화된 인권 규범으로 상대방의 인권 상황을 판정하고, 그 결론을 상대국에 대한 제재나 무력 행사를 정당화하는 데 이용한다. 인권 근본주의의 특징은 단순한 인식과 위험한 행동으로 요약할 수 있다. 이들은 확인되지 않은 가설을 바탕으로 추론하고 과장해 북한의 최고 지도자에게 인권 침해의 책임을 떠넘겨 그를 국제형사재판소에 회부해야 한다고 주장한다. 김정일을 반인도적 범죄 행위에 대한 책임을 물어 처단해야 한다는 주장은 북한에 대한 근본적인 불신과 북한 인권 상황에 대한 극도의 부정적인 인식에서 출발한다. 물론 북한 정권에 의한 대규모 인권 침해는 민간인에 대한 광범위한 공격 행위인 반인도 범죄에 해당할 수도 있다. 국제인권법상의 반인도 범죄는 고문이나 살해, 강간, 강제 구금·이동, 납치, 노예화 등으로 구성된다.

북한 최고 지도자를 국제형사재판소에 회부하자는(혹은 회부할 수도 있다는) 주장은 한국과 미국의 일부 반북 성향의 인사나 단체들에 그치지 않고 급기야 법률가 단체에서도 거론되고 있다. 대한변호사협회는 2010년 2월 22일에 열린 토론회에서 북한 지도자들을 국제형사재판소에 회부하는 문제를 공론화했다. 이 자리에서 권오곤 국제유고전범재판소 부소장은 "탈북자 등에 의해 증언되고 있는 북한 정치범 수용소 내에서의 공개 처형, 고문과 살해, 기타 성범죄 등 잔혹한 범죄들은 형사재판소가 처벌 대상으로 삼는 반인도 범죄에 해당한다"라고 밝혔다. 그렇지만 "말만으로는 반인도 범죄를 입증할 수 없"기 때문에 "민간인에 대한 공격이 광범위하게 조직적으로 이뤄졌다는 사실을 입증"해야 한다고 말했다. 또 북한이 국제형사재판소 가입국이 아니기 때문에 유엔 안전보장이사회의 결의가 있어야 국제형사재판소가 재판 관할권을 가질 수 있다.[70] 김정일을 국제형사재판소에 제소하자고 주장하는 북한 인권 운동가들도 법리상 혹은 현실적으로 그 가능성이 낮다는 것을 알고 있다. 그럼에도 그런 주장을 하는 것은 북한 정권의 약점을 부각시키면 계속 북한을 국제사회로부터 고립시킬 수 있고 북한 인권 운동을 국제적 차원에서 결속하는 효과를 기대할 수 있기 때문인지도 모른다.

김정일을 국제형사재판소에 제소하자는 캠페인과 함께, 실현 가능한 방안으로 북한 인권 문제를 유엔 안전보장이사회에서 다루도록 하자는 캠페인도 나타나고 있다. 국내외의 일부 단체 대표들은 2006년 유엔 안전보장이사회 이사국 대표들에게 안보리가 북한 인권 문제를 다뤄줄 것을 요청하는 서한을 전달한 바 있다. 임기를 마친 문타폰 유엔 북한 인권 특별 보고관도 2010년 봄 유엔 인권이사회에 마지막으로 북한 인권 보고서를 제출하면서 유엔 안보리가 북한 인권 문제를 다룰 필요성을 제기한 바 있다. 그는 "북한 인민들이 제도적이고 광범위한 인권 침해에 노출돼 있고 북한 정부가 이들을 보호할 뜻이 없다면 어떻게 해야 하느냐. 나의 대답은 최소한 유엔이 먼저 손을 내밀어야 한다는 것이다"라고 말했다. 그는 "유엔 시스템의 맨 위에 있으면서 국제형사재판소가 인권 침해 문제를 다루도록 할 권한이 있는 안보리가 그동안 (북한 인권 개선을 위해) 나서지 않았다"라고 지적했다.[71] 그러나 김정일을 국제형사재판소에 제소하자는 캠페인은 북한 정권을 압박하는 정치적 접근일 뿐 정작 일차적으로 북한 정부가, 그다음 국제사회가 인권 피해자들을 보호할 책무Responsibility to Protect(R2P)를 무시한다는 비판을 살 수 있다.

물론 김정일을 국제형사재판소에 제소하자거나 유엔 안보리가 북한 인권 문제를 다뤄야 한다는 주장을 북한 인권 문제에 대한 근본주의적 접근이라고 단정할 수는 없을 것이다. 그러나 그런 주장을 펴는 일부 인사는 북한 정권에 대한 적대감과 북한 인권에 대한 근본주의적 인식을 갖고 있다. 가령, 숄티는 "세계를 공포로 몰아넣는 북한 정권은 그 인민도 공포로 몰아넣는다"며 "인권과 핵 확산은 본래 연결돼 있는 것"이라고 말했다.[72] 근본주의적 인식에 기초해 북한 인권 운동을 전개하는 이들의 입장에서 북한 인권 문제에 대한 최선의 해결책은 북한 정권 교체와 최고 지도자 처벌이다. 그들에게 국제형사재판소와 유엔 안보리는 그런 근본주의적 인식을 실현시켜줄 유용한 수단으로 여겨질 수 있다. 북한 인권 문제가 국제사회에서 논의되고 있는 추세를 보면 앞으로 그런 주장이 더 힘을 얻을 것으로 보인다. 북한 인권 문제는 유엔 인권소위, 인권위(인권이사회), 총회에서의 결의안 채택을 거쳐 이제 안보리 논의, 국제형사재판소 제소 캠페인으로 나아가고 있는 양상이다.

인권 근본주의는 특정 대상의 인권 문제를 다룸에 있어서 그 대상이 관련되어 있는 다른 보편 가치(평화, 개발, 민주주의, 인도주의 등)와의 상호 의존성을 인정하지 않고 인권만이 제일 가치라는 절대주의적 입장을 취하고 있다. 그런 자세는 특정 국가 혹은 지역의 인권 문제를 논의할 때 다른 보편 가치들을 함께 고려하는 추세, 즉 통합적 접근과는 거리가 멀다. 1993년 6월에 열린 빈 세계인권대회에서 채택된 선언문 제8항은 "민주주의, 개발, 그리고 인권의 존중은 상호 의존적이고 상호 강화하는 관계이다"라고 밝히고 있다. 그에 앞서 유엔 총회는 1984년과 1986년 이미 평화권 및 발전권 선언을 채택하면서 평화와 발전이 인권 신장을 위한 조건이 아니라 그 자체가 인권의 일부임을 인정한 바 있다. 인권 근본주의자들에게 평화권과 발전권은 인권 문제로 받아들여지기 어렵다. 그들에게 기존 핵무기 보유국들의 핵 전략, 세계적 차원의 빈부 격차는 인권 문제와 무관해 보일 수도 있다. 결국 인권 근본주의는 특정 인권 문제의 발생 배경, 문제 해결 시에 고려할 맥락, 다른 사안들을 포함한 포괄적 접근, 실현 가능한 합리적 접근 등을 소홀히 하는 문제를 안고 있다.

(4) 상대주의 비판

인권은 보편적이지 않고 공동체의 문화적, 역사적 특성에 따라 서로 다를 수 있다는 상대주의적 입장 또한 북한 인권 개선 과정에서 나타나는 문제점이다. 사실 상대주의는 인권 진영이 아니라 문화인류학계에서 처음 제기되었다. 1947년 미국 문화인류학회는 가치는 문화에 따라 다양할 수 있기 때문에 일률적인 판단을 하는 것은 위험하다는 입장을 선언한 바 있다. 동서고금을 오가며 인류의 생활 양식을 연구하는 인류학계의 상대주의적 입장은 충분히 이해가 가는 바이다. 그런데 1947년의 이 선언은 인권 진영이 인권은 보편적이라는 내용을 담은 세계인권선언을 준비하고 있던 시기에 나온 것이었다.[73] 이 선언은 이후 인권 진영 내에서 인권의 속성을 둘러싼 보편주의-상대주의 논쟁을 촉발했다. 인권의 보편성을 부인하는 상대주의는 이론적 문제에 그치지 않고, 인권 침해를 정당화하고 그런 사회를 문화적 특수성으로 묵인한다는 현실적 문제를 초래한다. 문화 상대주의론이 독재 정권의 인권 침해를 정당화하는 논리로 이용된 경우는 멀리서 찾을 필요가 없다. 박정희 정권도 한국식 민주주의, 토착 민주주의를 강변하면서 민주화와 생존권을 요구하는 지식인들과 민중들을 탄압했다. "인권 운동은 항상 권위에 반대하는 투쟁이었고 앞으로도 그럴 것이다"[74]라는 말에 동의한다면 문화 상대주의는 인권의 보편성과는 거리가 먼 주장이라 할 수 있다.

  미국과 유럽연합 등 서방 국가들은 그동안 북한 인권 상황을 비판하거나 북한 인권 문제를 이유로 북한에 압력을 가하기도 했다. 이에 대해 북한은 그들과 정치 체제와 이념이 다르다는 점을 이유로 서방 국가들의 인권 문제 제기를 정치적 압력이라고 배격해왔다. 북한의 그런 반응을 지지한다면 상대주의적 입장을 지지하는 태도라 할 수 있다. 북한의 인권관은 계급, 집단, 사회권을 중심으로 보는 시각, 그리고 국가주권(북한에서는 국권이라 불리기도 함)과 인권을 등치시키는 논리를 특징으로 한다. 특히, 국권과 결부해 북한은 부시 정부 등장 직후인 2003년부터 "국가의 자주권을 떠난 인권이란 있을 수 없다"고 주장하고 있다. 이는 체제 안보가 위협받고 있다고 인식하는 한 북한에게 인권은 부차적 문제이며, 북한은 외부의 인권 비판도 체제 보전의 시각에서 인식하고 있다는 것을 말해준다. 달리 말해 북한은 체제 안보를 확보했다고 판단할 경우 인권 개선에 긍정적으로 나설 수도 있다. 그렇게 보아도 북한은 체제 안보를 확보한 경우와 그렇지 않은 경우에 따라 인권에 대한 판단이 달라질 수 있다는 일종의 상대주의적 인식에서 벗어나지 못하고 있는 것이다.

북한 관영 《조선중앙통신》은 2010년 3월 18일에 "인권 후진국의 주제넘은 훈시"라는 제목의 기사에서 "미국이 인권 옹호를 위해 보고서를 발표한다고 하지만 그 누구도 위임하지 않은 비법적 '인권재판관' 행세를 하는 것 자체가 난폭한 국권 침해 행위"라고 주장했다. 외부의 인권 비판에 대해 국권 우선 논리로 맞서고 있는 것이다. 또 2009년 11월 23일 자 《로동신문》은 남한이 유엔 총회에서 준비하고 있는 북한인권결의안에 공동 제안국으로 참여하기로 한 것에 대해 "북남 관계 개선을 가로막고 대결을 격화시키기 위한 것"이라고 비난했다. 이번에는 인권보다 남북관계 개선이 더 중요하다는 논리로 대응한 것이다. 그러면서 이 신문은 "우리의 존엄 높은 사회주의 제도하에서 인권 문제란 애당초 제기조차 될 수 없다"라고 주장하며 체제에 따라 인권 논의가 달라질 수 있음을 암시하고 있다. 이처럼 북한은 인권이 체제와 정책적 우선순위, 그리고 해당 국가가 처한 대외 관계에 따라 인권 문제에 대한 인식과 시각이 달라질 수 있다고 보고 있다. 그러나 북한의 태도는 이중적이고 임기응변식이라는 비판에서 벗어나기 어렵다. 북한은 자유권규약을 비롯해 4개의 국제 인권 규약에 가입했으며 유엔의 새로운 인권 메커니즘인 인권이사회(UNHRC)와 보편적 정례검토(UPR)에 참여하고 있다. 그런 반면 북한은 인권이사회에서 열린 보편적정례검토 자리에서 "유엔 인권이사회와 유엔 총회에서 북한 인권 상황에 대한 부당한 '결의'가 강행 채택되고 있"다고 주장했다. 그 자리에서 북한은 "우리는 이

것을 인정도 접수도 하지 않으며 인권의 정치화, 선택성, 이중 기준의 극치로서 단호히 전면 배격한다"[75]라고 말했다. 북한의 이런 입장은 열악한 인권 상황을 뒤로하고 인권 개선을 위한 국제사회의 관심과 관여를 부인하는 것이나 다름없다.

그러나 인권 논의에서 상대주의를 인권의 속성과 관련지어서만 생각할 수는 없다. 문화 상대주의는 20세기 전반기까지 제국주의 국가들이 서양의 문화를 보편적이고 선진적인 문화로서 강변하며 강제로 이식하려 한 문화 제국주의에 대한 반발이라는 점을 고려할 필요가 있다. 더 중요한 것은 문화 상대주의를 인권의 관점에서 주의 깊게 이해할 필요가 있다는 점이다. 왜냐하면 소수 민족이나 원주민은 동일한 문화를 공유하고 있지만 여성, 아동, 성소수자는 그렇지 않기 때문이다.[76] 인권 논의에서 주목을 덜 받은 상대주의의 다른 측면은 추상적 인권을 구체적 현실에서 살펴볼 때 부각될 수 있다. 다시 말해 실천적 차원에서 상대주의를 적용하는 문제라 할 수 있다. 인권을 신장하는 긴 여정에 인권의 보편성만 갖고 나설 수는 없는 노릇이다. 인권의 보편성을 전제한 가운데 그 실현 과정에서 취할 방법은 구체적인 현실에 맞게 다양하게 제시될 수 있다. 그렇기 때문에 인권 신장을 위한 구체적인 실천 방법을 강구하는 자리에서 인권의 보편성을 외치는 것은 방법론의 부재를 고백하는 것과 다름없다. 보편적 인권을 구체적 현실에서 구현하기 위해서는 그 현실의 문화, 역사, 전통을 이해하고 그 속에서 인권에 친화적인 것과 그렇지 않은 것을 가려내고 거기에 뿌리내릴 수 있는 인권의 씨앗을 뿌려야 할 것이다.

이 점은 앞서 말한 맥락적 보편주의와 맞닿아 있고 인권 상대주의와는 거리가 멀다. 이처럼 현실에서 인권의 보편성을 획득하기 위해서는 문화적 차이를 고려한 인권 개념을 확충하는 한편, 국제관계에서는 강대국 중심주의를 시정하는 절차적 보편성을 발전시키는 것이 필요하다.[77] 그런 점에서 인권 운동 진영에서 계속해서 지적해온 인권 문제의 정치적 이용, 국제 인권 기준의 이중적 적용은 인권의 보편성을 실현하는 데 장애물이 된다. 북한을 포함해 인권 상황이 열악한 국가의 정부가 이런 문제를 지적하면서 인권 개선에 소극적이고 이를 정치적 갈등의 소재로 이용하고 있는 것은 잘 알려져 있다. 그럴때 국제사회가 인권의 보편성만 외치고 인권의 정치화, 이중기준 등의 현실적 문제를 외면한다면 상대주의적 주장은 줄어들지 않고 인권 개선은 요원한 일일 것이다.

북한 '인권'은 세계 보편적 문제이기 때문에 다른 무엇에 앞서 (혹은 어떠한 희생을 치르더라도) 바로잡아야 한다는 근본주의적 주장과 '북한' 인권은 한반도 분단 상황에서 비롯된 군사적 긴장과 북한의 독특한 역사적 경험 그리고 집단주의적 문화 등을 고려해 신중하게 다루어야 한다는 상대주의적 주장 모두 인권의 보편성에 대한 무지(혹은 무시)와 오해에 기인하고 있다. 이 둘은 정치적 입장은 다르지만 인권의 보편성을 훼손한다는 점에서는 같다. 근본주의는 인권의 보편성을 명분으로 강압적 수단을 이용해 접근하는 위험한 입장이고, 상대주의는 국제 인권 논의의 불공정성을 이유로 인권의 보편성을 부정하고 인권 침해를 방조하는 입장이다. 특히, 인권 상황이 열악한 국가의 정부가 상대주의적 논리에 기대어 인권 개선에 소극적인 입장일 때 이에 대응하기 위해서는 맥락적 보편주의가 유용하다. 보편적 인권을 실현하는 과정에서 문화와 정치경제적 현실을 고려하는 접근은 상대주의와 구분되는 것으로, 오히려 상대주의적 주장을 포섭해 약화시키는 전략적 함의를 담고 있다.

(5) 도구주의 비판

북한 인권 관련 활동의 또 다른 문제점으로 도구주의를 지적할 수 있는데, 말로는 북한 인권 개선을 주장하지만 실제로는 북한 인권 자체에 목적을 두지 않고 이를 다른 목적을 달성할 수단으로 삼는 자세와 행동을 말한다. 성동격서형 접근이라 부를 수 있다.

북한 인권에 대한 도구주의적 접근은 구체적으로 다음 몇 가지 형태로 나타나고 있다. 먼저, 정부의 대북 정책과 그에 대한 북한의 대응에서 가장 잘 나타난다. 가령, 남한 정부는 북한과의 관계 개선이나 북핵 문제 해결을 위해 북한 인권 문제에 소극적인 입장을 취하기도 했다. 김대중 정부는 북한 인권 문제에 침묵했다는 비판을 받았다. 김대중 정부는 분단 이후 오랜 적대 관계에 있던 남북관계의 방향을 전환시켜 남북 간 화해와 협력의 분위기를 조성하는 데 역점을 두고 대북 정책을 전개해나갔다. 그동안 남북한은 상호 체제 비난의 일환으로 상대방의 인권 문제를 이용해왔는데, 김대중 정부는 그런 방식을 폐기한 것이다. 노무현 정부는 북핵 문제 해결을 통한 한반도 평화 체제 구축을 대북 정책 목표로 설정했고 그에 따라 북한 인권 문제에는 '전략적'으로 접근한다고 밝혔다. 정부가 6자회담을 계속 진행하는 추진력momentum을 살리고 북한이 비핵화 프로세스에 긍정적으로 나오도록 하는 과정에서 북한 인권 문제는 우선순위에서 밀리기도 하고, 그 반대로 북한이 핵실험을 하거나 상황을 악화시키는 경우 정부는 일종의 '처벌'로서 유엔의 북한인권결의안을 지지하기도 했다. 결과적으로 민주 정부 10년 동안의 대북 정책에서 북한 인권 문제는 비중이 낮게 설정되면서 소극적으로 다뤄진 것이 사실이다.

그에 비해 이명박 정부는 '비핵·개방·3000' 구상에서 보이듯이 북핵 문제를 대북 정책의 제일 관심사로 삼으면서도 북한 인권 문제에 이전 정부보다 훨씬 높은 비중을 두었다. 그 결과 유엔 북한인권결의안에 대해 남한은 일관되게 찬성 투표를 하기 시작했다. 그러나 이명박 정부의 북한 인권 정책은 임기 초부터 남북관계가 경색된 상황에서 실질적 성과를 내지 못했다. 그리고 북한 인권 문제가 북한을 압박하는 수단으로 활용된 측면도 없지 않아 이명박 정부는 이전 정부와는 다른 형태의 도구주의적 접근을 띠고 있다. 이명박 정부 식의 도구주의적 북한 인권 정책은 사실 부시 대통령 시절 미국의 대북 정책과 유사하고, 더 멀리는 냉전 시대에 자유 진영과 공산 진영이 상대방에 취한 정책으로까지 거슬러 올라갈 수 있다. 그 정책의 본질은 상대방의 인권 상황을 실제로 개선하기 위해서가 아니라 상대방을 압박하는 수단으로 삼기 위해서 인권 문제를 거론한다는 것이다.

여기서 '민주 정부' 10년의 북한 인권 정책과 이명박 정부, 부시 정부의 북한 인권 정책을 모두 도구주의 유형에 포함시켰다. 모두 해당 정부의 대북 정책 방향에 따라 북한 인권 문제를 정책 수단의 하나로 활용하거나 낮은 비중으로 다루었다는 점에서, 그 결과 북한 인권의 실질적 개선에 큰 성과를 가져오지 못했다는 점에서 그렇게 볼 수 있다. 그럼에도 이들 사이의 차이가 발견된다. 김대중·노무현 정부의 도구주의는 협력형 도구주의라고 규정할 수 있다. 이 두 정부는 남북관계 개선과 북한 인권 개선을 함께 추구했고, 그 결과 이산가족, 납북자, 북한 주민의 생존권 문제에서 부분적인 성과가 있었다. 반면, 이명박 정부와 부시 정부의 도구주의는 대결형 도구주의라 할 수 있는데, 이들은 북한 인권 문제를 중시하고 이에 따라 유엔 북한인권결의안을 지지했지만 결국 대북 관계 경색을 초래해 북한 내의 인권은 물론 남북 간 인도적 문제에서도 커다란 성과를 거두지 못했다.[78] 이런 차이는 협력형 도구주의 정책이 상대적으로 더 높은 성과를 거두었음을 보여준다. 상대국의 인권 문제를 포함해 일국의 대외 정책 혹은 외교관계에서 도구주의적 접근을 완전히 배제하기 어렵다면, 도구주의적 접근으로 추진하는 정책 목표와 북한 인권 개선을 병행시키는 현실적이고 지혜로운 방법을 찾아야 할 것이다. 물론 북한 인권을 수단이나 명분에 그치도록 하지 않고 정책 목표로 끌어올려 다른 정책 목표와 조화롭게 추진하는 방향으로 나아가야 할 것이다.

대북 정책 목표 달성이나 대북 협상에서의 우위 확보를 위한 수단으로 북한 인권을 다루는 것은 비단 남한 정부만이 아니라 미국, 일본, 유럽연합의 대북 정책에서도 찾아볼 수 있다. 미국의 경우 북한 정권 교체나 정책 변화 혹은 북핵 문제 해결을 위한 압력 수단으로 북한 인권 문제를 이용해왔다. 미국은 6자 회담 석상이나 워싱턴에서 북한과의 관계 정상화를 위해서는 북한 인권 개선이 주요 과제라고 반복해서 언급해왔고, 2004년 10월에 북한인권법을 제정했다. 오바마 행정부 들어 로버트 킹Robert R. King 대북인권특사도 2010년 3월 12일에 "북한이 인권 문제를 개선하지 않는 한 미국은 절대로 북한과의 관계를 정상화하지 않을 것"이라고 말했다. 일본은 일본인 납치자 문제 해결을 중심으로 북한 인권 문제에 접근하고 있고, 그런 맥락에서 북한인권법을 제정했다. 그에 비해 북한과 수교한 유럽연합은 북한과의 전반적인 관계 발전의 맥락에서 북한 인권 문제를 다루고 있다. 전반적인 관계 발전이란 북한과 유럽연합이 비정기적으로 갖는 정치 대화에서 북한의 개발과 인도적 문제, 한반도 안정 등과 함께 북한 인권 문제를 다뤄온 것을 말한다.[79] 이들 모두의 북한 인권 정책을 도구주의적 접근으로 볼 수 있지만,[80] 북한과 적대 관계에 있는 미국, 일본의 대북 강경 정책과 유럽연합의 온건 정책 간에는 분명 차이가 있다.

한편, 북한이 국제사회의 인권 개선 요구를 정치적 압박으로 간주하고 반발하는 행태도 도구주의라 말할 수 있다. 왜냐하면 북한은 인권 문제를 체제 유지를 위한 선전 도구나 방패막이로 활용하거나 핵 개발 등 '선군 정치'를 우선해 인권 개선을 무시하는 입장을 종종 보여왔기 때문이다. 이처럼 북한이 인권 문제에 도구주의적 입장을 취하는 것은 국제적 고립 속에서 미국에 의한 공격 위협이 높다는 인식과 관련되어 있다.

2009년 10월 28일 뉴욕에서 열린 제64차 유엔 총회 제3위원회 회의에서 북한 대표는 "인권 분야에서 국가주권 존중의 원칙이 엄격히 준수돼야 한다"면서 이라크, 아프가니스탄 등을 들어 "국가주권이 침해되는 국가나 영토에선 예외 없이 인권이 유린"되고 있다고 주장했다.[81]

남한을 포함한 국제사회의 도구주의적 접근의 두 번째 유형은 실제 북한 인권의 개선보다는 동맹 관계나 국가 이미지 제고에 더 치중하는 관련국들의 외교 정책에서 찾아볼 수 있다. 유엔에서 북한인권결의안에 찬성하는 국가들 가운데 결의안이 북한 인권 개선에 직접적인 영향을 미친다고 보는 나라는 많지 않아 보인다. 물론 반복된 결의안 채택이 북한 인권에 대한 국제사회의 일관되고 지속적인 관심을 보여줌으로써 인권 상황의 악화를 막고 북한 정권에 경각심을 불러일으키는 효과는 있을 것이다. 그럼에도, 특정 시기에 북한인권결의안을 상정하고 채택하는 데 참여하는 국가들은 그 문제에 관한 공동의 입장을 표명함으로써 서로의 우호 동맹 관계를 돈독히 하고 국제사회에 자국의 이미지를 높이는 데 관심이 더 높을 것이다.

도구주의적 접근의 세 번째 유형은 국내 정치와의 연계 현상에서 찾아볼 수 있다. 즉 국내 정치 차원에서 북한 인권 문제는 경쟁하는 당파를 비난하거나 지지 여론을 획득하는 데 활용될 수 있다. 당리당략 차원에서 북한 인권 문제가 다뤄질 수 있는 것이다. 이런 접근은 간접적인 인권 개선 효과도 기대할 수 없는 인권의 정치화, 도구화를 보여주는 전형적인 경우이다. 북한인권법 제정을 지지하는 측의 일부는 국내에서의 정치적 효과를 겨냥한 도구주의적 접근으로 비판받을 수도 있다. 국내 인권 단체들은 북한인권법안이 북한 인권을 개선하기보다는 북한을 정치적으로 공격하는 수단이 되고 '북한인권재단' 설립 등을 통해 반북 보수 단체들에 대한 재정 지원 편중을 초래할 가능성이 우려된다고 지적한다.[82] 물론 대내 정치적 차원에서 북한 인권을 다루는 것은 다원주의 정치 현상의 하나로 볼 수 있다. 그러나 북한 인권 문제에 대한 도구주의적 접근은 대내 여론의 분열과 북한의 반발을 초래하기 때문에 실효적인 인권 개선과 거리가 멀다. 그런데도 일부 반북 보수 세력들이 목적과 수단을 전도시키는 것은 북한 인권을 명분으로 자신의 이익을 추구한다는 비판을 살 수도 있다.[83]

북한 인권에 도구주의적으로 접근하는 경우 주체의 진정성이 의심스럽고, 이에 대한 북한의 반발이 명약관화(明若觀火)하다. 결국 도구주의적 접근은 북한 인권의 실질적 개선을 거두기 어려울 것이다.

(6) 차별주의 비판

마지막으로 꼽을 문제점은 타자의 인권 문제를 대상화해 차별적으로 접근하는 태도이다. 여기에는 보이지 않지만 잘못된 두 가지 전제가 놓여 있다. 하나는 특정 상대의 인권이 자신의 인권보다 훨씬 더 큰 문제이기 때문에 상대의 인권을 먼저 다뤄야 한다는 것이다. 일국이 타국의 인권에 관여하는 것은 인권의 보편성 때문인데, 이는 자신의 인권을 스스로 성찰하고 타자에게 노출시킬 수 있는 개방성이 따를 때 효과가 있다. 그런

데 인권 상황의 상대적 차이를 갖고 특정 상대의 인권 문제를 떼어내서 먼저 다룬다는 것은 인권의 보편성을 위배하는 것이고 인권을 명분으로 한 정치적 접근이라는 의심을 살 수 있다.

보다 근본적인 다른 하나의 전제는 화자와 타자 사이에 우열이 존재한다는 주관적 판단이다. 국제 인권 문제의 경우, 화자는 인권 선진국 혹은 국제 인권 규범의 대변자로서 자신을 위치 짓는 대신, 타자에게는 인권 후진국 혹은 국제 인권 규범의 위반자라는 딱지를 붙인다. 인권 선진국 대 인권 후진국이라는 대당(對當) 관계는 그 나라 전체에 대한 이미지로 확대되어 문명국가 대 야만 국가로 재구성된다. 북한을 포함해 유엔 인권위원회나 총회에서 채택된 인권결의안의 대상국들에는 야만 국가라는 낙인이 찍힌다. 그런 나라가 개혁 개방 정책을 취하거나 인권 보호를 위한 특정 조치를 취하더라도 문명국가로 자처하는 서방 세계는 그것을 인정하지 않고 의심의 눈으로 바라볼 것이다. 반면, 미국, 영국에서 테러 용의자를 불법 체포, 구금, 고문하는 일이 일어난다면 그것이 문명국가에서 우연하게 혹은 의도 없이 일어난 예외적인 일로 간주되면서 인권 침해의 실태가 사실보다 작게 다뤄질 수 있다.

인권 선진국 대 후진국으로 구분되는 둘 사이에서는 대등하고 협력하는 관계 대신 지도와 피지도의 관계가 부각된다. 만약 지도를 받아야 할 타자가 그런 관계를 거부하면 지도적 역할을 자처하는 자는 물리적 방법을 사용해서라도 둘 사이의 차별적 관계를 유지하려 한다. 이런 위계적 관계는 쉽게 사라지거나 바뀔 수 없다. 그런 차별적인 대당 관계가 해소되는 것은 인권 후진국 혹은 야만국이 소멸되는 경우, 가령 북한 정권이 붕괴되는 경우이다. 그러나 우리는 냉전 붕괴 후 구 소련과 동구 사회주의 국가들이, 혹은 미국의 후세인 정권 전복 후 이라크가 인권 선진국이 되었다는 말은 아직까지 들어보지 못했다. 인권은 체제를 초월한다. 어떤 체제가, 가령 자유민주주의 체제가 인권을 완벽하게 구현할 수 있다고 말하는 것은 체제 우월 의식에 불과하다. 체제의 선호도에 따라 특정 국가의 인권 문제에 접근하는 순간 그것은 인권 개선과 거리가 먼 사악한 인권 정치로 전락할 것이 분명하다.

인권 선진국 대 후진국이라는 인위적으로 구성된 대당 관계는 다시 바람직한 이상 대 갱신해야 할 대상으로, 보다 추상화된 관계로 전환된다. 인권 선진국 혹은 문명 세계는 그렇지 않은 국가들이 따라야 할 현실 속의 이상이 되고, 인권 후진국 혹은 야만 세계로 분류되는 국가들은 변화 혹은 소멸해야 할 대상으로 위치 지어진다. 이제 존재하고 있는 타자와 극복되어야 할 타자는 현실 속의 두 구성 부분이 되며, 그럼으로써 타자를 부정하는 온갖 행동이 정당화된다.[84] 인권은 목적으로서 저 멀리 무지개 뒤에 있을 뿐 인권을 개선하는 과정과 방법은 인권과 거리가 멀어도 용인될 수 있는 것이다. 그런 과정을 통해 타자의 인권 문제가 대상화되는 대신, 그 인권 문제를 호명하고 다루는 주체는 국제 인권 문제를 주도해나갈 자격을 인정받고 그 능력을 과시하는 효과를 거둔다.

서구 국가들이 비서구 국가들의 인권 문제에 접근하는 과정에서 오리엔탈리즘이 작동될 가능성이 높다. 18세기부터 20

세기 중반까지 제국주의 세력은 아시아, 아프리카, 라틴아메리카를 착취·수탈하면서 그것을 정당화하기 위해 그 지역 사람들을 야만인, 미개인으로 낙인찍고 그들에 대한 계몽과 지도가 식민 통치의 목적이라고 강변했다. 허구적 우월의식에 입각한 차별과 편견은 제국주의 세력이 비서구 지역의 정치체제, 역사, 문화, 그리고 인권 문제를 인식하는 데서도 발견된다.[85] 가령, 유엔에서 북한인권결의안을 상정하고 통과시키는 것을 주도하는 국가들은 미국, 일본, 유럽연합 등 서구 국가들이거나 그들과 우호 관계를 갖고 있는 국가들이다. 북한인권결의안을 통과시키는 국가들은 자국이 갖고 있는 약점과 참여 국가 간 외교적 문제들을 봉합하고 동질감 혹은 연대감을 체험할 수 있다. 유엔에서 북한인권결의안의 상정 및 채택에 많은 국가들이 적극 나서고 있지만 그 이면에서는 그런 심리적 기제와 현실 정치가 작동하고 있다고 볼 수 있다.

유엔 회원국들이 북한 인권에 개입하는 것은 인권의 보편성 때문이지 북한 인권을 개선하는 데 고려할 만한 북한의 특수성을 무시해서가 아니다. 그러나 특정 국가의 인권 문제만을 따로 떼어내 접근하는 것은 자국의 인권을 함께 성찰하지 않고 타자를 차별과 배제의 시각으로 대하는 것이기 때문에 인권의 보편성을 왜곡할 수 있다. 특히, 북한과 정치 체제가 다르거나 적대 관계에 있는 나라가 북한 인권을 다룰 경우 적대적이고 차별적인 인식을 갖고 대상화해 접근할 개연성이 높다.

남한에서 북한 인권 문제를 다루는 시민 단체들을 그 다양한 이념적 배경과 활동에도 불구하고 두 가지로 나누어볼 수 있다. 하나는 남한의 인권 문제와 북한의 인권 문제를 동시에 다루는 단체이고, 다른 하나는 북한 인권 문제만 다루는 단체이다. 미국에 있는 북한 인권 단체들은 대부분 북한 인권 문제만 다루고 있다. 북한 인권만 다루는 단체들의 경우 이름에서 '북한 인권', '자유 북한' 혹은 '북한 민주화' 같은 단어들을 찾아보기 쉽다. 그러한 단체들은 자신이 속한 공동체의 인권 문제는 유보해놓고 외부의 특정 인권 문제를 대상화해 차별적으로 접근하는 태도를 상징적으로 보여준다. 이들은 북한 인권에 관여하는 근거로 인권의 보편성을 들고 있지만, 그런 접근은 사실 인권의 보편성을 오용(誤用)하는 것이며, 북한 인권의 실질적 개선에 별 도움을 주지 못한 채 갈등만 조장한다. 여기에 국가 간 이해관계나 국가의 국제적 지위를 고려해 이중 잣대가 작용하는 점까지 감안한다면 특정 국가에 대한 차별적 접근은 실질적 인권 개선과는 무관할 수 있다. 국제사회가 아무리 인권의 보편성을 명분으로 특정 국가의 인권 문제를 다룰 수 있다 하더라도 자신에 대한 우월의식과 상대방에 대한 편견을 가진 채 상대방의 인권 문제만 부각시키는 것은 진정성도 없고 상대방의 인권 신장에 아무런 도움을 주지 못한다.

4. 소결

북한 인권이 전반적으로 대단히 심각하다는 점을 부인하는 사람은 북한 정권 관계자를 제외하고는 거의 없을 것이다. 문제의 심각성은 그 원인의 복잡성과 관련이 있다. 북한 체제의 정치적, 경제적 한계와 김정일 정권의 통치 방식 부재, 분단과 남북한 체제 경쟁, 자연재해, 그리고 미국의 대북 봉쇄 정책 등이 북한 인권 문제의 원인들로 꼽힌다. 한편 인권 상황의 심각성과 그 원인의 복잡성은 그 해결 방법의 포괄성으로 연결된다. 앞에서 살펴본 북한 인권 관련 활동의 문제점은 크게 볼 때 북한 인권의 구조적 특징을 이해하지 못한 결과이거나 의도적으로 특정 측면만 부각시켜 활동을 전개할 결과라 할 수 있다.

북한 인권 문제는 그 심각성에도 불구하고 1990년대 중반부터 대량 탈북자가 발생하기 전에는 그 실상이 충분히 알려지지 않았다. 탈북자들의 증언을 통해 국제사회가 북한 인권 문제에 관심을 갖게 된 데에는 국내외 북한 인권 단체들의 역할이 컸다. 거기에 그치지 않고 국제적 관심과 여론을 유엔 인권 메커니즘으로 수렴시켜 북한 정부를 비판하고 인권 개선에 나설 것을 촉구하는 일련의 결의안을 채택하는 과정에서도 북한 인권 단체들의 역할이 적지 않았다. 그래서 비록 부분적, 형식적, 초보적 수준이지만 북한 정부의 태도 변화가 보이기도 했다.

그럼에도 그간 국내외의 북한 인권 개선 활동에서 적지 않은 문제점이 노출되었다. 그런 문제점들은 북한 정부의 소극적인 태도와 결합되어 실질적인 인권 개선에 장애를 조성하고 있다. 선택주의는 인권의 불가분성을 위반하면서 선택적으로 특정 인권을 부각시키거나 배제한다는 문제점이 있다. 근본주의는 유엔 헌장과 인권 메커니즘이 천명하고 있는 상호 존중과 국제 협력의 정신을 저버리고 인권을 개선하기보다는 인권을 명분으로 상대방에 대한 압박이나 선교를 꾀하는 결과를 초래한다. 상대주의는 인권의 보편성을 정면으로 위배하고 인권 침해를 정당화할 우려가 있다. 도구주의는 국가 이익 혹은 조직 이익을 우선시하면서 북한 정권에게 반발할 명분을 준다. 차별주의적 태도는 타자에 대한 편견과 대상화로 인해 진정성이 결여된 자기만족형 접근에 불과하다. 이런 문제점들은 현실에서 서로 연관되어 있어 그 문제점들이 상승 작용을 일으킬 우려가 있다. 우리 사회에서는 북한 인권 문제를 둘러싸고 심각할 정도로 여론이 분열되어 있고 정책이 혼선을 빚고 있다.

남한을 포함한 국제사회의 북한 인권 개선 활동은 실태 파악과 여론 조성, 북한 비판 등을 넘어서 실질적인 인권 개선을 위한 구체적인 방법을 제시해야 할 단계에 와 있다. 그러나 현재 북한 인권 개선 활동은 주춤하고 있다. 우선, 그동안 북한 인권 개선 활동은 당위성만 있었을 뿐 전체적인 추진 전략이 미흡했다. 관련 단체의 자체 평가와 전문가들의 외부 평가가 함께 이루어져 장점을 더 발전시키고 단점을 교정해야 한다. 그 과정에서 앞에서 지적한 문제점들을 겸허히 성찰할 필요가 있다. 과시적이며 경쟁적이고 중복된 활동은 지양해야 마땅하다. 두 번째로는, 구체적인 북한 인권 개선 방법론 제시도 중요하지만 그에 앞서 활동 원칙과 방향에 대한 공감대를 마련하는 노력이 부족했다. 북한 인권 개선 활동의 원칙과 방향이 합의되지 않은 상태에서 전개되는 다양한 활동은 자칫 선명성 경쟁, 중복 활동, 미확인 정보의 유통 등으로 활동상의 난맥을 초래할 수도 있다. 반북 보수 성향의 단체들이 북한 인권 운동[86]의 하나로 전개하고 있는 대북 전단 살포 과정에서 일본 극우 인사의 참여를 놓고 빚은 갈등이나, 전단에 북한 정권 비난과 붕괴를 주장하는 극도의 적대적, 차별적 언사가 포함되어 있는 것이 그런 예이다. 반대로 북한 인권 운동은 단지 북한 정권 교체를 추구하는 정치적 접근일 뿐이라고 폄하하고 북한 인권 문제에 침묵하는 것도 비겁하고 무능력한 태도이다.

이제 북한 인권의 실질적 개선을 향한 그간의 활동을 겸허히 성찰하고 공동의 활동 방향을 수립하고 협력 관계를 마련해 효과적인 활동을 준비해야 할 때이다. 북한 인권 개선에 가장 핵심적인 역할을 할 수 있고 해야 하는 주체는 남한이다. 우리에게 북한 인권은 통일을 이룰 상대와 함께 인류 보편의 가치를 함께 실현해가는 중대한 과제이다. 실제로 남한은 북한 인권 문제에 대해 가장 많은 정보를 갖고 있고, 가장 많은 활동을 하고 있을뿐더러, 앞으로도 가장 많은 역할을 수행해야 할 것이다. 우리가 어떤 원칙과 방향으로 북한 인권 개선 활동을 전개해야 할지 다음 장에서 함께 생각해보자.

제 3 장

코리아 인권의
필요성과 방향

이 장에서는 앞 장의 논의를 바탕으로 북한 인권의 실질적 개선에 기여할 수 있는 하나의 대안을 제시하고자 한다. '코리아 인권'으로 명명한 새로운 접근은 국제 인권 규범을 바탕으로 남한이 북한 인권 개선에 건설적으로 관여하는 것을 말한다. 나아가 코리아 인권은 남북한이 상호 존중 아래 한반도 전역에서 국제 수준으로 인권 향상이 이뤄지도록 협력한다는 의미도 담고 있다. 그런 점에서 남북한 인권 상황을 상대적 관점에서 평가하기보다는 국제 인권 규범에 의거해 함께 성찰하는 자세가 필요하다.

1. 남북한 인권 비교

국가별 인권 상황을 평가함에 있어서 해당국 정부의 입장을 어디까지 신뢰할 수 있을까? 자신의 행적을 스스로 평가할 때 잘한 것은 과장하고 잘못한 것은 은폐하는 것이 인간과 권력의 생리가 아닐까? 거기에 정치 체제의 차이는 아무런 영향을 끼치지 않는다. 인권 단체나 전문가가 국제 인권 규범을 기준으로 냉정하고 공정하게 평가하려는 자세를 잃지 않아야 하는 이유가 여기에 있다. 그러나 남북의 인권 상황을 상대적으로 평가할 경우 남한의 인권 상황이 북한에 비해 월등히 앞서 있음을 쉽게 알 수 있다. 거기에는 민주화, 경제 발전, 국제 협력, 그리고 시민사회의 성장 등 다양한 요인들이 함께 작용했을 것이다. 남북한의 인권을 상대 평가한다는 것은 무의미할뿐더러 심지어 정치적 악용의 가능성이 농후하다. 인권은 인류가 존재하는 한 공동체의 존재 방식과 각 공동체의 인권 증진 방법에 관계없이 부단히 추구해야 할 대상이다. 공동체 사이에 존재하는 인권 상황의 상대적 차이를 이용한 도구주의적 접근의 위험성은 앞에서 이미 지적했다. 여기서는 절대적인 기준, 즉 국제 인권 규범에 비추어 남북한의 인권 실태와 정책을 평가하고 그것을 코리아 인권의 길을 모색하는 바탕으로 삼고자 한다. 먼저 남한의 인권 관련 법제와 대내외 정책을 살펴본 후 인권 상황에 대한 정부 측의 입장과 비정부 기구들의 반응을 검토해볼 것이다. 이어 북한 인권도 같은 방식으로 다룰 것이다.

(1) 남한의 인권 실태와 정책 평가

남한의 인권은 1987년 민주화 이후 크게 신장되었다. 특히 자유권 분야에서 공권력에 의한 불법 체포와 구금, 고문이 거의 사라졌으며, 양심의 자유도, 개인과 집단을 불문하고 자유로운 의사 표현도 크게 확대되었다. 한국의 국제 인권 규약 가입 현황을 보아도 알 수 있듯이 민주화와 국제 교류 덕분에 인권이 신장되었다(표 1). 이제 한국은 국제사회에서 경제력은 물론 인권 분야에서도 선진국으로 평가받을 수 있는 단계에 접어들었다. 독립적 국가 기구의 위상을 갖는 국가인권위원회가 2001년 11월 창설된 것도 그런 인권 신장의 결과이며 실제로 인권 신장에 큰 역할을 해왔다.[87] 대외적으로도 한국은 2006

년 6월 유엔 인권이사회가 창설될 때 이사국으로 피선되었고, 2008년에 재선되어 2011년까지 이사국의 지위를 유지한다.

우리 헌법은 인권 보장을 광범위하게 명시하고 있다. 헌법 제2장 '국민의 권리와 의무' 편에서는 제39~제40조의 납세, 국방의 의무를 제외하고는 제10조에서 제38조까지 자유권과 사회권을 망라해 인권 보장을 다루고 있다. 특히 제10조는 "국민의 자유와 권리는 헌법에 열거되지 아니한 이유로 경시되지 아니"하고, 나아가 국가 안보나 질서 유지를 위해 법률로써 권리를 "제한하는 경우에도 자유와 권리의 본질적인 내용을 침해할 수 없다"라고 밝히고 있다. 시민의 기본권은 원칙적으로 형사처벌과 손해 배상을 통해 보호되고, 기본권이 침해된 경우에는 헌법재판소에 위헌법률심판을 청구할 수 있다. 또 공권력에 의해 기본권이 침해되어 관련 법률을 모두 동원해 구제 절차를 거쳤는데도 구제를 받지 못한 경우에는 헌법재판소에 헌법소원심판을 청구할 수 있다. 이외에도 인권 침해를 당한 사람은 국가인권위원회나 국민권익위원회에 진정할 수 있다.

헌법 제6조 1항은 "일반적으로 승인된 국제 법규는 국내법과 같은 효력을 가진다"라고 밝히고 있다. 그러므로 한국이 가입한 국제 인권 규약은 국내법과 같은 효력을 지닌다. 민주화 이후 정부는 법률 제·개정 시 관련 국제 인권 규약을 고려하고 있다. 한국은 2010년 현재 7개의 국제 인권 규약에 가입해 있는데 북한이 가입한 네 개의 규약 외에도 인종차별철폐협약, 고문방지협약, 장애인권리협약에 가입했다(표 1). 물론 한국이 아직도 가입하지 않고 있는 국제 인권 규약이 적지 않다. 이주노동자권리협약, 시민적·정치적 권리규약 제2선택의 정서(사형제), 고문방지협약 선택의정서, 장애인권리협약 선택의정서, 국제노동기구(ILO) 협약 중 결사의 자유 및 단결권 보호에 관한 협약(87호)을 비롯한 4개의 핵심 협약,[88] 인신매매 의정서, 유엔 교육과학문화기구(UNESCO) 교육에 있어서 차별금지 협약 등이 그것이다. 또 한국은 시민적·정치적 권리규약 22조(결사의 자유), 여성차별철폐협약 16조 1항(g)(가족성), 아동권리협약 9조 3항(아동의 면접교섭권)·21(a)(입양의 허가제)·40.2(b)(5)(상소권 보장) 등에 대해서는 유보 입장을 취하고 있다.

한국도 유엔 인권이사회 창설과 함께 도입된 보편적정례검토 제도의 적용을 받아 2008년 국가 인권 상황에 대한 검토를 받았다. 당시 한국 정부가 낸 보고서를 보면,[89] 한국은 법제도적 측면에서 인권 증진을 이루는 것은 물론 정부 차원의 인권 증진 활동을 국내외적으로 전개하고 있는 것으로 보고되었다. 우선, 국내 인권 기관의 활동과 관련해서는 정부 각 부처 및 기관이 역할 분담을 통해 인권 보호 및 증진 업무를 수행하고 있다. 가령, 인신의 자유는 법무부, 교육을 받을 권리는 교육과학기술부, 근로의 권리는 노동부, 아동의 권리, 건강·보건권 관련 업무는 보건복지부, 여성의 권리는 여성가족부가 주무 부처이다. 거기에 그치지 않고 정부는 개별 부처에서 다루는 다양한 인권 문제를 종합적으로 추진하기 위해 2006년 법무부 내에 국가 인권 정책에 관한 실무 추진 기구로 인권국을 설치했고, 법무부 장관이 주재하는 국가인권정책협의회를 구성해 국가

〈표 1〉 남북한의 국제 인권 규약 가입 현황[90]

협약명	협약 채택일 (발효일)	가입국	남한 가입일 (발효일)	한국 정부의 입장
시민적 · 정치적 권리규약	1966. 12. 16 (1976. 3. 23)	162	1990. 4. 10 (1990. 7. 10)	1981. 9. 14
경제적 · 사회적 · 문화적 권리규약	1966. 12. 16 (1976. 3. 23)	159	1990. 4. 10 (1990. 7. 10)	1981. 9. 14
인종차별철폐협약	1965. 12. 21 (1969. 1. 4)	173	1978. 12. 5 (1979. 1. 4)	미가입
여성차별철폐협약	1979. 12. 18 (1981. 9. 3)	185	1984. 12. 27 (1985. 1. 26)	2001. 2. 27
고문방지협약	1984. 12. 10 (1987. 6. 26)	145	1995. 1. 9 (1995. 2. 8)	미가입
아동권리협약	1989. 11. 20 (1990. 9. 2)	193	1991. 11. 20 (1991. 12. 20)	1990. 9. 21
이주노동자 권리협약	1990. 12. 18 (2003. 7. 1)	37	미가입	미가입
강제실종협약	2007. 2. 6 (미발효)			
장애인권리협약	2007. 3. 30 (서명식)		2009. 1. 10	

인권정책기본계획과 같은 종합 계획의 수립 및 개별 인권 정책의 협의·조정 업무를 수행하고 있다. 그 연장선상에서 2007년 5월, 30개 관련 정부 부처 및 기관의 참여하에 인권 정책에 관한 한국 정부 최초의 종합 계획인 '2007~2011 국가인권정책기본계획'이 수립되어 현재 시행 중에 있다. 국가인권정책기본계획 수립은 국가인권위원회의 권고에 따른 것이다.

한국에서는 정부만이 아니라 국가 인권 기구와 인권 단체들도 인권 보호를 위해 힘쓰고 있으며 이들의 입장과 활동이 정부의 인권 정책에 영향을 미치기도 한다. 국가인권위원회는 국가인권위원회법에 따라 인권 관련 정책·법령·제도·관행에 대한 연구 및 대정부 정책 권고를 할 수 있고, 권고를 받은 행정 기관의 장은 권고 사항을 존중하고 이행하기 위해 노력해야 하며, 이를 이행하지 않을 경우 그 이유를 문서로 국가인권위원회에 설명해야 한다. 비정부 기구인 인권 단체는 법령의 제·개정을 위한 입법 예고 절차에서 의견을 제시할 수 있고, 관계 부처에서 개최하는 공청회·간담회 등의 의견 수렴 절차나 민원을 통해 개별 인권 관련 정책·법령·제도·관행의 개선을 요구할 수 있다. 물론 인권 단체는 독립적인 판단으로 인권 개선을 위해 홍보, 교육, 그리고 국제 협력 활동을 전개하기도 한다.

대외적으로도 한국 정부는 유엔 회원국이자 인권이사회 이사국으로서 유엔 헌장상의 의무를 성실히 이행하고, 가입한 국제 인권 규약의 이행을 통해 높은 수준의 인권 국가를 지향한다고 밝히고 있다. 남한은 북한과 달리, 유엔의 인권 관련 특별보고관의 활동에 협조해왔다. 정부는 2008년 3월 제7차 인권이사회 고위급 회의 때 인권이사회 특별보고관에 대한 상시 초청 의사를 표명했다.

그러나 여느 국가와 마찬가지로 남한의 경우에도 헌법상의 광범위한 인권 보호 규정과 그 현실 사이에는 간극이 있다. 그 원인으로는 IMF 경제위기나 미국발 금융위기와 같은 경제적 요인과 정책 결정 집단의 인권관, 대기업 중심 성장 일변도의 신자유주의 경제 정책 같은 정치적 요인을 생각해볼 수 있을 것이다. 물론 현실에서는 이들 요인들이 복잡하게 얽혀 인권 상황에 영향을 줄 수 있다.

보편적정례검토 보고서에서 정부가 판단하고 있는 인권 상황은 대체로 양호한 것으로 보인다. 우선, 국가인권정책기본계획 수립, 여성 인권 보장,[91] 이주자 자녀 교육권 보장과 같은 커다란 성과가 이루어졌다. 그 대신 사회 양극화에 따른 사회적 약자 및 취약 계층의 인권, 고령화 추세로 인한 노인 복지, 이주 노동자들에 대한 인권 보호, 국가 총 예산의 10%에 달하는 국방비 지출, 양성 평등 문제, 자유권 중심의 인권관 등이 극복해야 할 과제이다. 그에 대해 정부는 차별금지법 제정 및 이행, 국민기초생활보장제도의 개선, 비정규직 인권 개선 방안 연구, 모성보호제도 활성화, 기초노령연금제도의 안정적 운용, 외국인 이주자들에 대한 차별 시정, 국가보안법의 엄격한 적용, 권위주의 체제하에서의 인권 침해에 대한 진실 규명 및 명예 회복, 인권 교육 확산과 같은 다양한 대책을 수립·실시하고 있다고 밝혔다.

한국 정부의 인권 상황 보고에 대해 인권고등판무관실이 모은 관련 정보에 따르면,[92] 한국은 유엔 인권 기구와 긴밀히 협력하고 있고 인권 관련 정책 인프라를 잘 갖추고 있다. 반면에 구체적인 인권 상황에 있어서는 아직 개선할 분야가 적지 않아 보인다. 양심적 병역 거부 부정, 공무원의 단결권 제한, 국가보안법 적용과 '용산 참사' 등에서 드러나는 의사 표현의 자유 침해, 이주 노동자에 대한 차별과 여성 이주 노동자의 성매매 문제 등이 그 예이다.

그러나 한국 정부의 인권 상황 평가에 대한 반박과 비판은 한국의 비정부 기구들을 통해 더욱 뚜렷하게 드러났다.[93] 일부 비정부 기구들은 한국에서 국제인권법의 구속력은 헌법에 명시된 바와 달리, 사실상 부인되고 있다고 주장한다. 이들은 또 정부가 국가인권위원회가 제출한 권고들을 축소, 왜곡, 또는 무시해 인권 상황의 총체적인 발전을 막고 있다고 평가한 적도 있다. 이는 국가인권위원회가 공권력에 의한 인권 침해 진정 사건에 소극적으로 대응하고 있다는 사실과 연관이 있어 보인다. 2006년부터 2010년 3월까지 5년간 발생한 인권 침해 진정 사건 총 2만 50건에 대한 분석 결과, "[국가]인권위에 진정 접수된 공권력(검찰, 경찰, 구금 시설 등)에 대한 인권 침해 종결 사건 인용률이 5.5%에 불과하다"고 알려졌다. 이를 두고 한 언론은 〈국가인권위원회, 공권력 앞에 서면 왜 작아질까〉라는 기사를 쓰기도 했다.[94] 그리고 이명박 정부 출범 후 정부가 국가인권위의 정책 권고를 수용한 비율은 65.6%로 참여정부의 권고 수용률 79.3%에 비해 13.7%나 떨어진 것으로 나타났다.[95] 인권 단체들은 또 이명박 정부가 여성가족부와 보건복지부를 보건복지가족부로 통합해 여성 관련 업무 담당 부서를 축소했다고 지적하고, 그것이 여성 인권의 퇴보를 가져왔다고 비판했다.[96] 나아가 인권 단체들은 국가인권위원회가 국가인권정책기본계획을 수립하면서 국가보안법, 사형 제도, 양심적 병역 거부자들의 권리와 같은 문제들에 대해 확실한 입장을 표명하지 못했다고 지적했다. 이러한 문제들은 정부를 포함한 한국 사회가 지금도 직면해 있는 과제들이다. 또 가해자의 범죄 부인, 처벌 수단의 부족으로 과거사 청산이 제대로 이루어지지 않은 것도 지적됐다. 여기에 정부의 과거사 청산 의지를 의심하는 경우도 있는데, 가령, 진실 화해를 위한 과거사정리위원회 등 과거사 청산 관련 기구들이 정부의 의지만 있으면 법에 따라 활동 기간을 연장할 수 있는데 2010년 말에 대부분 활동을 종료했다는 점이 지적되었다. 노동권 역시 크게 위축된 것으로 평가되는데, 전반적인 경제 상황 악화와 정부의 친(親)대기업·부유층 정책이 그 원인으로 지적되었다. 2007년 7월부터 시행된 비정규직근로자보호법이 비정규직 노동자들의 정규직 전환을 피하는 수단으로 악용되면서 전체 노동자 가운데 비정규직 노동자가 50%에 달할 정도로 늘어났고, 정규직과 비정규직 노동자 간의 임금 격차와 사회적 차별이 더 커지고 있으며, 비정규직에 여성들이 많이 분포되어 있다고 인권 단체들은 주장한다. 이러한 현실에서 비정규직의 정규직으로의 전환과 비정규직의 차별을 시정하기 위한 노력은 뚜렷이 보이지 않고 있다. 또 다문화 사회로 진입한 지 오래지만 이주 노동자들에 대한 배려와 보호는 아직 구호에 그치고 있다. 이와 같은 상황이 지속된다면 사회적 약자 혹은 취약 계층이 방치될 우려가 있는데, 한국이 경제협력개발기구(OECD) 회원국 중 자살률이 가장 높은 것도 이와 무관하지 않다.[97]

이명박 정부 들어 사회권은 물론, 그동안 신장되어가던 시민의 자유도 크게 후퇴하고 있다는 비판이 나오고 있다. 집회의 자유를 제한하는 여당의 집시법 개정 작업, 경찰의 고문 수사 의혹이나 불심 검문, 임의 동행 남발, 정부 기관의 불법 민간인

사찰, 재소자의 인권 침해 우려를 낳는 교정 행정, 그리고 언론·집회·결사의 자유를 제한하는 정부의 과도한 조치들[98]이 그 예이다. 이 가운데 이명박 정부 들어 가장 후퇴한 분야로 표현의 자유가 꼽힌다. 이러한 상황은 국내는 물론 국제사회에서도 우려를 불러일으켰다. 국제사면위원회와 유엔 표현의 자유 특별보고관이 한국을 방문해 촛불시위자 과잉 단속, 언론인 해고 등에 대해 우려를 표명했다. 국내 24개 인권 사회 단체들은 2010년 4월 28일 국가인권위 배움터에서 '2010 한국 표현의 자유 보고대회'를 열고 〈이명박 정권 2년 한국 표현의 자유 실태 보고서〉를 발표했다. 이들은 "표현의 자유는 다른 인권이 후퇴되고 있음을 알리는 '전령사' 같은 존재"라며 "최근 2년간 한국의 의사 표현의 자유는 아무도 상상할 수 없었던 수준으로 급격히 후퇴하고 있다"고 밝혔다. 인권 사회 단체들은 현 정권의 의사 표현의 자유 침해 양상을 권력의 무기가 된 법에 의한 통제, 인터넷에서의 자기 검열 심화, 과도한 공권력 투입과 물리력 행사로 요약했다. 이들은 90장 분량의 보고서를 통해 사상과 양심·언론·집회·결사·인터넷·장애인·청소년·성소수자·구금자 등 11개 분야에서 인권 침해 실태를 고발했다. 행사에 참여한 한 인권 활동가는 "표현의 자유가 이념의 잣대에 따라 정치화되고 범죄화되며 법이 남용되고 있는 게 한국의 현실"이라면서 개탄했다.[99] 그리고 정부의 인권 정책을 감시하고 정책 대안을 권고할 임무를 띤 국가인권위원회가 자기 역할을 하지 못하고 있는 현실도 한국의 인권 상황을 논의함에 있어 주목할 부분이다.

이미 2008년 6월, 한국의 보편적정례검토 관련 회의에서 인권이사회 참여국들은 촛불시위에 대한 탄압[100] 등 한국의 인권 상황과 개선에 대해 많은 권고와 의견을 내놓았다. 그중 주요 권고 내용과 그에 대한 한국 정부의 입장을 소개하자면 표 2와 같다.

표 2에 따르면 북한은 3개의 권고 내용을 제시했다. 이명박 정부 들어서 인권 상황이 다소 후퇴했다고 해도 그 수준은 북한의 경우와는 차원이 다르다. 남한 헌법은 북한 지역도 대한민국의 영토로 간주하고 있으므로, 남한 정부가 북한 인권 상황에 관여할 이유는 충분하다. 그러나 현실적으로 한국 정부의 통치권은 남한에만 적용된다. 남한에 사는 사람들의 인권 보호가 한국 정부의 일차적 책무인 것이다. 심지어 남한의 인권이 크게 신장되었다 하더라도 북한과 대립하고 있는 상태에서 남한이 북한의 인권 상황을 거론할 때는 신중하게 접근할 필요가 있다. 체제가 상이하고 오랜 기간 갈등을 빚어온 관계의 일방이 상대방의 인권 문제를 공개적이고 직접적인 방식으로 거론하는 것은 실효적 인권 개선에 기여하기 힘들기 때문이다. 상호 신뢰가 필요한 이유가 여기에 있다.

또 대내 인권 상황이 후퇴하는 상황에서 외부의 인권 문제를 거론하는 것은 설득력이 낮기 마련이다. 그런 면에서 남한의 인권 신장, 특히 정부의 적극적인 인권 정책은 남한이 북한의 인권 개선에 관여하기 위한 하나의 전제 조건이라 말할 수 있다. 또 남북 간 신뢰 조성 노력은 남한의 북한 인권 정책에 긍정적 효과를 가져올 촉진제이자 남북 간 인권 대화의 토대

〈표 2〉 보편적정례검토에서 제시된 일부 권고 내용과 한국 정부의 입장[101]

보편적정례검토의 권고 내용(국가)	한국 정부의 입장
장애인권리협약을 유보 조항 없이 가입 (브라질)	장애인권리협약 25조(e)에 대해서는 유보 고려
국가보안법 폐지를 위한 구체적 조치 채택(북한)	국가보안법이 자의적으로 해석되거나 남용되지 않음을 재확인
정치범, 양심수 관련 보안관찰법에 대한 우려를 해소하기 위한 조치 채택(북한)	입장 계속 검토
고문방지위의 우려(형법상 고문 정의 부재 및 구금 시설에서의 고문 주장) 및 아동권리위의 우려(학생의 표현의 자유 및 집회의 자유) 관련, 입법, 사법 분야 개선을 위한 조치 채택(북한)	입장 계속 검토
이주노동자권리협약 가입(알제리, 필리핀, 이집트, 멕시코, 페루), 이주자 권리 보호를 제한하는 다른 조약의 유보 철회(멕시코), 이주노동자권리협약 및 초국가범죄협약 인신매매 의정서Palermo Protocol 비준(페루)	국내 주요 법 규정과 충돌하는 이주노동자권리협약 가입은 현실적으로 받아들이기 어려움. 이주자 등의 건강, 안전, 고용 등 인권을 관련 국내법 하에서 보장하기 위해 최선을 다할 예정. 인신매매 의정서 가입은 긍정 검토 예정
고문방지협약 제1조의 고문을 범죄화하는 입법 조치(알제리)	국내법에서 고문 관련 모든 행위를 처벌토록 규정
강제실종협약 서명(프랑스)	국내법 개정의 범위 등 연구 후에 권고안에 대한 입장 정립 예정이며, 현재 관련 연구 중
시민적·정치적 권리규약위원회의 권고의 연장선상에서 양심적 병역 거부권 인정, 정부 및 공공 부문에서의 고용 금지 관행 해소(슬로베니아)	대체 복무 방안 연구 중
성범죄를 친고죄로 두고 있는 데 주목해, 피해자 보호를 강화하기 위해 이러한 법 규정 재검토 권고(슬로베니아)	관련 규정 검토 예정

보편적정례검토의 권고 내용(국가)	한국 정부의 입장
사형 집행에 대한 사실상 모라토리엄 유지(벨기에, 이탈리아), 사형제 폐지를 위한 조치(벨기에, 이탈리아, 멕시코), 2008년 6월 1일 개회되는 새 국회에서 사형제 폐지 특별법 통과(네덜란드, 영국)	폭넓은 국내적 합의 필요 형사사법, 사회 현실 및 국민 여론 등 종합적 고려 필요
명확한 시한을 정하여 시민적·정치적 권리규약 제22조 유보 철회(영국)	노사정, 관련 부처 간 협의 필요 복수 노조 및 공무원 노조에 대한 추가 검토 필요
학교 내 아동 체벌 금지 명문화를 위한 관련법 즉각 개정 및 비폭력적인 방식의 훈육 증진을 위한 조치(이탈리아)	관련 법령 보완을 포함한 적절한 조치 검토 지속
자의적 해석 방지를 위해 국가보안법 개정(미국)	국가보안법이 자의적으로 해석되거나 남용되지 않음을 재확인

로 작용할 것이다.

(2) 북한의 인권 실태와 정책 평가

법제도 측면에서만 본다면 북한도 인권 선진국이 될 수 있을지도 모른다. 수차례 개정된 북한 헌법은 2009년에 들어 인권 보호 조항을 삽입하고 "인민들이 높은 수준의 인권을 완전히 향유할 수 있도록 국가가 보장할 것"을 명시했다. 이 표현은 국가권력에 의한 인권 보장이라는 위로부터의 시각을 벗어나지 못하고 있지만, 북한 헌법은 "선거할 권리와 선거 받을 권리, 언론·출판·집회·시위 및 결사의 자유, 신소청원, 노동 및 휴식·무상 치료·교육 및 사회보장권, 과학 및 문학예술 활동의 자유, 거주 및 여행의 자유 등"을 기본권으로 명시하고 있다. 북한 정부는 인권에 관련된 수백 개의 법률과 규정들이 제정되어 인권의 효과적인 보호와 증진을 위한 확고한 법적 장치가 마련되었다고 주장하고 있다. 북한 헌법에는 주권이 노동자, 농민, 군인, 근로인텔리와 모든 근로인민에게 있고, 근로인민은 자신의 대표 기관인 최고인민회의와 각급 지방인민회의를 통해 주권을 행사한다고 명시되어 있다.

북한 정부는 인권을 보호·증진하는 체계도 갖추고 있다고 밝히고 있다. 우선, 검찰 기관은 중앙검찰소, 도(또는 직할시)·시(또는 구역)·군 검찰소와 특별검찰소로 구성된다. 검찰 기관은 법 준수 여부를 감시하고 범죄를 단속해 국가와 인민의 헌법적 권리와 생명 재산을 보호하는 역할을 한다. 재판 기관 역시 중앙, 도(또는 직할시)·시(또는 구역)·군 단위로 설치되어 있고, 특별재판소가 별도로 있다. 이들 역시 사법 활동을 통해 국가 주권과 사회주의 제도, 국가와 인민의 헌법적 권리와 생명 재산을 보호하는 것이 목적이다. 그리고 각급 인민위원회가 인권을 보장하는 데 직접적인 책임을 진다. 인권 침해를 당한 인민들은 민법, 손해배상법, 신소청원법과 기타 관계 법률들에 의해 응분의 보상을 받을 수 있다. 그러나 그런 법률의 적용 현황은 북한이 제출한 보편적정례검토 보고서에서 찾아볼 수 없다. 한편, 북한 정부는 정규 교육과 특별 교육을 통해 인권 법률 교육을 실시하고 학습 및 보급을 통해서도 헌법과 법률 교육을 한다고 밝히고 있다. 북한 인권 논의에서 인상적인 것은 권리 행사와 의무 완수를 똑같이 다루고 있다는 점이다.

북한은 인권 문제에 있어서도 국제 사회와 관계를 형성하고 있다. 북한은 네 개의 국제 인권 규약에 가입해 있고, 해당 규약상의 권리들이 자국의 헌법, 법률과 규정에 의해 효과적으로 보장되고 있다고 말하고 있다. 북한은 가입한 국제 인권 규약 위원회와 인권이사회에 이행 보고서를 제출해왔고, 각 위원회와 인권이사회의 최종 견해와 권고 사항을 고려하고, 수용하고, 이행해왔다고 밝히고 있다. 북한은 또 유엔 인권고등판무관실을 비롯한 국제 인권 기구들과의 건설적 대화와 협력을 중요시한다고 말한다. 이에 따라, 국제사면위원회, 국제고문반대협회, 유엔 아동권리위원회의 각 대표단들과 유엔 인권위원회의 여성 폭력 특별보고관 일행을 초청한 바 있다. 국가 간 외교 관계 면에서 북한은 특히 유럽연합과 외교 관계를 수립한 후 인권 대화에 성실히 응해왔다고 주장했다. 보편적정례검토 보고서에서 북한은 평양 주재 유럽연합 회원국 대사들과 정기적으로 접촉하여 북한의 인권 정책에 관한 정보를 제공하고 있다고 밝혔다. 또 2001년 9월 프랑스 국회 대표단이 방북하자 일종의 구금 시설인 '교화소'를 둘러보게 하고 지방 공무원과 면담할 기회를 마련해주었으며, 2002년 5월 독일 외무성 동아시아 담당국장이 방북하자 전과자와의 면담 기회를 제공했다고 밝혔다.

그럼에도 불구하고 북한이 인권 개선을 요구하는 국제사회와 적극적, 지속적으로 대화하고 협력해왔다고 말하기는 어렵다. 북한은 유엔과 유럽연합에서 채택된 북한인권결의안을 "철저하게 정치화되고 선별적인 '결의들'"로 규정하고 그것이

"불신과 대립의 근원이고 국제 협력의 장애물"이라고 주장했다. 그래서 그동안 진행돼온 북한과 유럽연합의 정치·인권 대화도 중단되었다.

북한 경제가 사회주의 이념을 구현하는 것처럼 보였던 1960 ~1970년대에는 북한의 인권 상황(특히 사회권 분야)이 나쁘지 않았던 것으로 보인다. 국가 책임의 무상 배급, 무상 교육, 무상 의료 정책은 북한 정권이 북한을 "지상의 낙원"이라고 선전하는 명분이 되었다. 그러나 개인의 자유로운 사고와 행동이 억제됨으로써, 자유권은 물론 북한 정권이 자랑하던 사회권도 기울기 시작했다. 이제 북한은 한편으로는 인권 현실이 양호하다고 강변하면서도, 다른 한편으로는 인권 상황이 악화되었음을 인정하고 있다. 다만, 그 원인을 미국의 적대 정책, 유엔의 반(反)공화국 책동, 사회주의 시장의 붕괴 및 계속된 자연재해로 돌리고 있다.

북한 정부가 그동안 유엔 인권 기구에 제출한 인권 보고서를 보면 식량, 의료 등 일부 분야에서 외부 요인과 우연적 요인으로 인한 문제가 있지만, 전반적으로 인권 제도와 실태가 양호한 것으로 되어 있다. 북한은 그동안 가입한 네 개의 국제 인권 규약에 대한 이행 보고서들과 2009년 인권이사회의 보편적정례검토에 대한 보고서에서 그 같은 입장을 되풀이해왔다. 북한이 낸 보고서를 보면 인권 실태를 정부의 정책 방침과 관련 법제도를 중심으로 채워놓고 있다. 2009년 북한의 보편적정례검토 보고서와 그에 대한 인권 비정부 기구들의 대안 보고서, 보편적정례검토 실무 그룹의 보고서 초안 등을 자료로 삼

아 북한의 인권 실태와 정책을 평가해보도록 하자.[102]

A4 20쪽 분량으로 된 북한의 보편적정례검토 영문 보고서를 찬찬히 읽다 보면, 보고서 곳곳에서 내용의 객관성에 의문을 갖게 된다. 생명권과 관련해 34항에는 "매우 중대한 범죄를 저지르지 않았다면, 어떠한 사람도 헌법과 형법에 따라 체포·수감되거나 자의적으로 생명을 박탈당하지 아니한다"라고 되어 있다. 그렇다면 "매우 중대한 범죄를 저지른 경우"에는 생명권에 대한 자의적 판단이 있을 수도 있다는 말인지, 또 "매우 중대한 범죄"는 무엇인지 의문이 생긴다. 고문과 그 밖의 비인도적인 처우 금지와 관련된 36항에는 "객관적 증거로 뒷받침되지 않을 경우에는 자백이나 고백은 유효하지 않은 것으로 간주된다"라고 되어 있다. 이 역시 수사 기관이 강압적 수단을 동원해 "객관적 증거"를 만들어내면 그것을 자백으로 유효하게 간주할 수 있다는 말은 아닌지 의문이 든다. 과거 권위주의 통치 시기 남한에서 그런 일이 공공연히 자행되었다는 사실을 감안할 때 북한에서도 그럴 가능성을 배제하기 어렵다고 생각하는 것은 무리일까? 또 북한의 검찰 기관이 수사와 인권 보호 기능을 겸하고 있는 점이 현실에서는 어떻게 나타날지도 의문이다. 이어 보고서는 40항에서 북한이 주민의 선거권과 피선거권, 그리고 표현·집회·결사·신앙의 자유를 법적으로 공인하고 실제로 보장하고 있다고 밝히고 있으며, 47항에서는 북한에 실업자는 없다고 말하고 있다. 이 역시 정책 목표를 현실로, 법적 규정을 실제 상황으로 바꿔치기한 대목이라고 말할 수 있다. 49항에는 "법에 의해 금지된 부문들에서는 여성들에

게 일을 시켜서는 안 되고⋯예를 들어, 시간과 노동에 대한 권리에 있어서 알맞은 사람에게 알맞은 일거리를 할당하지 않아 제기된 불만과 신소는⋯"이라는 대목이 있다. 여기서는 양성(兩性) 평등과 직업 선택의 자유와 관련한 북한의 현실이 모호하게 다뤄지고 있다. 국제 구호 단체들을 통해 잘 알려져 있는 북한의 건강권 실태와 관련해서도 보고서 63항은 "정부는 전 인민에게 안전하게 먹는 물을 공급하고, 면역력을 높여 전염병을 예방하며, 1차 보건의료봉사를 개선하기 위한 방안들을 채택해왔다"라고 밝히고 있다. 그러나 국제사면위원회는 그와 정반대되는 보고서를 발표한 바 있다. 이 단체는 2010년 7월《와해되고 있는 북한의 보건 의료 실태 *The Crumbling State of Health Care in North Korea*》라는 보고서를 발표했다. 이 보고서는 북한의 병원이 의약품도 없이 거의 제 기능을 못하고 있고 주민들은 영양실조로 전염병에 취약한 상태라고 밝히고 있다.[103] 같은 맥락에서 "98%가 넘는 임신 여성들이 출산할 때 전문가들의 도움을 받는다"는 북한 정부의 발표도 믿기 어려워 보인다. "여성들이 정치적 생활, 노동, 교육, 가정생활, 재산 소유 등에서 남성들과 동등한 권리를 가진다"는 67항도 마찬가지이다.

  그동안 국내외의 많은 비정부 기구들은 북한 정부가 밝히고 있는 인권 상황에 대해서 의문과 비판을 제기해왔다. 그들은 북한 정부의 보고서를 반박하거나 보충하는 대안 보고서 Alternative Report를 유엔에 제출해왔다. 북한의 보편적정례 검토 보고서에 대해서도 마찬가지이다. 유엔 인권고등판무관실에 접수된 비정부 기구들의 북한 관련 대안 보고서만도 열두 개이다. 인권고등판무관실은 이 보고서들을 요약해 인권이사회에 제출한 바 있는데, 다음은 그 내용 중 일부이다.[104]

먼저, 헌법 및 입법 상의 구조와 관련해서, 국제사면위원회는 세계인권선언과 북한이 가입한 국제 인권 규약들에 명시된 기본적 권리와 자유가 북한 국내법에 의해 거의 보호되지 못한다는 점에 주목했다. 북한인권시민연합과 대한변호사협회는 북한에 있는 법제도적 규정과 실제 사이에는 여전히 상당한 불일치가 존재하고, 차별적인 사회 계급 정책과 사회 정치적 통제가 기본권을 계속 침해하고 있다고 특별히 언급했다. 국제사면위원회는 북한에게, 적절한 인권법을 마련하고 이행하기로 확약하는 것을 포함해 유엔의 인권 조약 기구들과 헌장 기구들이 제시한 권고 사항들을 이행할 것을 촉구했다.

천주교 인권위원회, 평화네트워크, 인권운동사랑방은 국가조정위원회를 비롯한 북한의 기구들에게 인권 제도와 관련한 활동 내역을 투명하게 밝힐 것을 제안했다. 이는 여성차별철폐협약과 아동권리협약의 이행을 위함이다. 그들은 나아가 관련 기구들에 인권 보호 기능을 부여할 것을 권고했고, 북한이 국제 규범에 따라 독립적인 국가 인권 기구를 설립하고, 유엔 인권고등판무관, 인권이사회, 국가인권기구 국제조정위원회(ICC)와 함께 인권 관심사들에 대해 의견을 교환할 것을 기대했다. 또 인권 기구들과의 협력과 관련해 국제사면위원회 등 많은 단체들은 북한 정부가 독립적 인권 감시 기구들의 접근을 계속 거부하고 있다고 지적하고, 특히 유엔 북한 인권 특별보고관처럼 방북을 요청한 유엔의 특별 절차와 독립적 감시 기구들에 현장 접근을 허용할 것을 촉구했다.

국제적 인권 보호 의무의 이행과 관련해서는 신분, 성 등에 의한 비합리적 차별과 공개 처형을 포함한 사형제, 아동권 침해, 그리고 식량권 악화 등이 많이 거론되었다. 가령, 세계기독교인연대Christian Solidarity Worldwide는 북한이 "성분"에 따른 차별 제도를 헌법상 보장한 것은 비차별 원칙을 명백하게 위반한 것이라고 보고했다. 천주교 인권위원회 등 3개 국내 단체는 북한이 아동 양육에 있어서 여성의 역할을 강조하고 있다는 점과 남성과 여성의 법적 결혼 연령상 차이가 여성 차별을 가져올 수 있다고 우려했다. 또 다른 단체들은 공개 처형과 적법 절차에 의거하지 않은 사형 집행 사례를 지적하고, 공개 처형은 북한의 형법을 위반하는 것이면서 일종의 본보기로 이용되기도 하고, 사형에 처해지는 다섯 개의 죄목 가운데 네 개[105]가 자의적으로 적용될 위험성이 있다고 지적했다. 주빌리 캠페인Jubilee Campaign은 북한의 형법상 검사의 승인이 요구됨에도 불구하고, 구금, 수감 또는 독방 감금 조치에 있어서 북한 정부의 권한이 무제한적이라는 점에 대해 우려를 나타냈다. 북한인권시민연합과 대한변호사협회에 따르면, 정치범들에 대한 체포 및 수감 절차들이 죄형법정주의에 위배되고 있다. 군 복무 기간 중 실수를 저지르면 정해지지 않은 기간 동안 비공개 노동 시설에 구금될 수 있다. 휴먼라이트워치는 특히 국경 인근에서 북한 여성과 소녀들이 중국으로 인신매매되고 있고, 이들은 종종 납치되거나 사기에 의한 결혼, 성매매 또는 성노예 피해자들이 된다고 언급했다. 아시아인권센터는 북한에서는 법적 최소 노동 연령이 16세로 규정되어 있음에도 불구하고 12세부터 농업 노동에 동원되는 것이 흔히 용인되고 있다고 언급했다. 세계기독교인연대는 북한이 헌법에서 '신앙의 자유'를 보장하고 있지만 혹독하게 종교를 탄압해왔다고 언급했다. 휴먼라이트워치는 북한에서 식량 부족이 계속되고 있어 아동과 임산부, 장애인, 노인을 포함한 취약 계층이 여전히 고통을 겪고 있다고 언급했다.

지금까지 살펴본 바와 같이, 비정부 기구들의 보고서는 북한 정부가 은폐한 인권 실태를 상세히 밝혀 보다 정확한 이해를 돕고 있다. 그러나 이들도 충분한 인권 개선 방안을 내놓지는 못했다. 다만, 천주교 인권위원회 등은 북한 정부가 구금 시설에 대한 독립적인 조사를 실시하고 결과를 공개할 것과 독립적인 국가 인권 시스템을 통해 구금 시설들에 대한 감독 기능을 강화할 것을 제안했다. 비정부 기구들의 북한 인권 보고서는 북한과 유엔 인권이사회 회원국들 사이의 상호 대화와 이사회 실무 그룹의 보고서 채택에 참고 자료로 활용된다.

북한의 보편적정례검토 보고서에 대한 검토 작업은 유엔 인권이사회 제6차 회기(2009년 11월 30일~2009년 12월 11일) 중이던 2009년 12월 7일에 있었다. 보편적정례검토 실무 그룹의 보고서 초안은 12월 9일에 채택되었다. 그리고 캐나다, 일본, 한국, 영국 등 15개국이 준비한 사전 질문 목록이 북한에 전달되었다. 검토 대상국인 북한의 대표단장 리철 제네바 주재 북한대표부 대사의 인권 보고서 발표 이후 52개국이 상호 대화에 참여했다. 보편적정례검토 제도의 취지가 가장 빛을 발하는 시간이 상호 대화라 할 수 있다. 그 결과 북한은 참여국들의 권고 사항 중 117개 항(중복되는 내용 있음)에 대해 검토와 답변을 제출할 것을 공약하면서도 50개 항(중복되는 내용 있음)에 대해서는 수용 불가 입장을 분명하게 밝혔다. 검토 후 수용 가능성은 열려 있지만, 적어도 논의 현장에서 북한 측이 수용하겠다고 밝힌 대목은 없는 셈이다.

북한이 검토 후 답변하겠다고 밝힌 대목 중 일부는 다음과 같다. 여기서 북한이 수용할 가능성이 있는 사항을 찾아보거나, 북한으로 하여금 수용하게 할 방안을 강구할 수 있을 것이다. 검토 사항 중 미국의 권고가 다섯 개나 포함된 것이 눈에 띈다.

- 최악의 아동노동에 관한 협약(ILO 협약 제182호), 강제실종보호국제협약, 인종차별철폐국제협약(ICERD), 고문방지협약(CAT)및 선택의정서, 이주노동자권리보호국제협약(ICRMW) 및 장애인권리협약(CRPD)을 비준할 것(칠레)
- 여성에 대한 폭력을 행사하는 개인을 고발할 수 있는 명확한 법률을 통과시킬 것(미국)
- 국가 인권 기구를 창설하고 이 기구의 설립을 위하여 국가인권기구 국제조정위원회의 인정을 받고 유엔 인권고등판무관실의 기술 지원을 받아들일 것(미국)
- 모든 주민들에게 인권 교육을 제공하고 판사, 검사, 변호사 및 법집행관들에게 인권 훈련을 시킬 것(슬로베니아)
- 여성 폭력 특별보고관과 고문 특별보고관이 북한을 방문해 더

욱 광범위한 권고 사항을 제공할 수 있도록 이들을 초청할 것
(미국)
- 객관성, 공정성, 비정치화의 원칙에 입각하여 유엔 인권이사회
의 주제별 특별 절차들에 협조할 것(짐바브웨)
- 국제 원조의 분배에 있어서 취약 집단에 지속적으로 우선순위
를 둘 것(예멘)
- 국제적십자위원회(ICRC)가 북한 내 모든 구금 시설에 제한 없이
접근할 수 있도록 허용할 것(네덜란드)
- 공정한 재판과 법치에 관한 국제 기준들에 대하여 사법 부문의
전문가들을 훈련할 것(스웨덴)
- 이산가족들이 가족의 생사를 확인하고 정기적으로 서신을 교환
하고 상봉할 수 있도록 기본권을 보장할 것(한국)
- 시민 단체를 육성하고 이들의 합법적 지위 획득을 가능하게 함
으로써 표현의 자유와 결사 및 집회의 자유를 행사할 수 있도록
허용할 것(이스라엘)
- 최고인민회의와 기타 의사 결정 기구들에서 여성 대표의 비율
을 증가시키는 것을 고려할 것(스리랑카)

한편, 아래는 북한이 수용 불가 의사를 밝힌 권고 사항의 일
부이다.

- 고문방지협약에 가입하고 그것을 비준하며, 보안 부대와 수감
시설의 간수들에 의한 모든 형태의 고문을 근절하기 위해 모든
수감 시설에 대한 사법적 감독을 확립할 것(오스트리아)

- 북한 인권 특별보고관의 임무를 인정하고 그에게 협력하며 그의 방북을 허용할 것 (네덜란드)
- 공개 처형 집행과 종교적·정치적 범죄에 대한 사형 선고를 종식시키기 위해 사형 집행을 일시 중지할 것 (스페인)
- 모든 국적의 국민들에 대한 납치와 강제 실종을 종식시킬 것 (칠레)
- 구금 시설에서 고문 및 학대로부터 여성을 보호하기 위한 규정을 이행하고 여성 법법자들이 여성 간수들의 보호를 받고 남성 법법자들과 분리 수감되도록 할 것 (미국)
- 아동의 군사 훈련을 폐지할 것 (슬로베니아)
- 인신매매된 사람들의 문제에 대처하는 특별법을 제정하고, 인신매매 여성과 아동이 불법으로 국가를 떠났다는 이유로 그들의 북한 송환 후 그들을 처벌하는 것을 중단할 것 (이스라엘)
- 구금 시설에서의 강제 노동 관행을 즉각 중단하고 아동을 동원 계획에 강제 참여시키지 않도록 보장하는 조치를 즉시 취할 것 (미국)
- 사법 절차에 있어서의 정치적 간섭을 중단할 것 (스웨덴)
- 반체제 인사의 모든 가족 구성원을 구금하는 관행을 종식시키고, 정치범 및 그 가족 구성원을 지체 없이 석방하며, 의사 및 표현의 자유를 보장할 것 (프랑스)
- 적용 가능한 국제 기준에 따라, 사전에 허가를 받을 필요 없이 북한 내에서, 그리고 외국으로 자유롭게 이동하는 것을 보장하기 위하여 즉시 형법을 개정할 것 (프랑스)
- 자유권규약에 부응하도록 종교 단체들에 대한 법률을 재검토

할 것(이탈리아)

- 시장의 폐쇄, 정부 정책에 대한 비판의 억압, 대안 매체의 부족, 외부 정보에 접근하는 이들에 대한 가혹한 형벌과 같은 주민 통제를 완화할 것(뉴질랜드)

북한은 2003년부터 지금까지 유엔 인권위원회, 인권이사회, 총회 등의 인권 관련 기구들로부터 국가적 차원에서 인권 상황이 열악하다는 평가와 개선 요구를 받아왔다. 북한은 식량권, 고문 방지, 여성 차별 철폐 등 유엔 인권고등판무관실의 주제별 특별 절차와 국가별 특별 절차에 협력하지 않고 있다. 이로 인해 국제사회는 북한의 인권 상황과 그에 대한 북한 정부의 반응을 심각한 문제로 여기고 있다. 북한은 여전히 인권을 체제의 안전 보장 문제와 연계해 인식하고 있어 인권 개선을 위한 자체 노력이 부족하고 국제사회와의 협력에도 소극적이다. 거기에 인권 개선과 관련된 대내 인프라 역시 크게 미흡한 수준으로 평가되고 있다. 그런 상황에서 국제사회는 무엇을 할 수 있을까? 우려를 표명하고 결의문을 채택하는 것 외에 보다 건설적이고 실질적인 방법은 없는 것인가? 특히 남한은 어떤 입장과 전략을 갖고 북한 인권 문제에 임해야 할까? 남한의 적극적인 역할을 담아내는 새로운 접근을 모색할 때가 되었다. 다음 절에서는 북한 인권의 실질적 개선을 위한 남한의 적극적 역할을 생각해보고자 한다. 필자는 이러한 대안적 접근을 '코리아 인권'이라 이름 붙인다.

2. 코리아 인권의 필요성

앞에서 살펴본 북한 인권 개선 방법상의 문제점들은 북한 인권을 개선해나가는 과정에서 지양할 수도 있을 것이다. 그렇지만 지적된 문제점들이 간단하지 않고 그 폐해가 심각하다는 점을 고려할 때 문제점을 해결하지 않으면 북한 인권 개선은 말에 그칠 수도 있다. 방법상의 문제점들을 해결해나가는 과정은 각각의 문제 해결을 위한 기능적 접근에 그치지 않고 북한 인권에 접근하는 시각 자체의 변화를 필요로 한다. 가령, 북한 인권에 대한 도구주의적 접근을 지양하려면 북한 인권 문제를 다루는 측의 진정성이 요구되고, 그것은 곧 북한 체제에 대한 균형 잡힌 시각을 필요로 한다. 또 북한 인권을 대상화해 차별적으로 접근하는 오만한 자세를 바꾸려면 자신의 인권 문제에 대한 성찰을 통해 양측의 인권 문제를 함께 논의하는 개방적인 자세가 필요하다. 결국, 북한 인권에 접근하는 방법상의 문제점들을 해결해나가는 과정은 그에 대한 새로운 시각으로 이어진다. 남한의 입장에서는 북한 인권의 실질적 개선을 위해 남북한 인권 문제에 동시에 접근하는 '코리아 인권'이라는 새로운 개념을 생각할 수 있다.

코리아 인권의 정의와 방향에 대한 구체적인 논의는 이 장 3절 이하에서 하기로 하고, 먼저 여기서는 코리아 인권이 필요한 이유를 구체적으로 살펴보도록 하자.[106]

(1) 체제 경쟁의 소멸

첫째, 냉전 시기에 남북이 체제 경쟁 차원에서 쌍방의 인권을 비난해온 것을 반면교사로 삼을 필요가 있다. 동아시아 냉전 질서를 확립한 한국전쟁은 이념 대립으로 동족을 죽이고 적대하는 분단 체제를 만들어냈다.[107] 전쟁 이후 남북은 모든 논리와 명분, 심지어 물리적 수단까지 동원해 상대방을 부정하는 체제 경쟁의 소용돌이에 빠져들었다. 이때 이념의 차이에 따라 나타난 인권관의 차이도 체제 경쟁의 수단이 되었다. 북한은 남한 정권을 반통일적이고 미국에 종속된 정권으로 간주하고 그런 정권 아래서 대중의 정치적 자유와 생존권이 유린당하고 있다고 주장했다. 그리고 주한 미군의 남한 여성에 대한 성적 착취와 미군 기지 주변 주민들의 생존권 침해를 일례로 들었다. 북한은 남한이 미국의 신식민지이므로 남한 정권이 권력을 유지하려면 대중의 민주화 및 자주 통일 열망을 탄압하고 생산 계층을 착취·수탈하는 것이 필연적이라고 비판했다. 반면, 남한은 북한에 대해, 원래 인권을 탄압하는 전체주의 체제이기 때문에 자유민주주의 체제가 보장하는 각종 시민의 자유는 부정되고, 김일성 독재 정권의 영구화를 위해 대중의 삶은 피폐해질 수밖에 없다고 비판했다. 남한에서 북한 공산당은 뿔이 달린 늑대와 같이 묘사되었고, 북한 주민은 '자유 대한'의 품으로 넘어오지 않으면 죽을 때까지 감시와 탄압에 시달리게 될 것이라고 선전됐다.

인권 문제를 둘러싼 남북 간 상호 비난 속에서 하나의 특징을 발견할 수 있는데, 그것은 양측이 상대방의 인권 상황을 비난하면서 자신의 체제가 우월하고 곧 상대 체제는 근본적으로 결함을 지니고 있다고 봤다는 것이다. 자신의 체제는 인권을 신장하고 있고 상대 체제는 그 반대라고 본 것이다. 특정 정치 체제 혹은 이념이 인권을 신장하거나 억압한다는 주장은 인권을 체제의 우월성을 선전하는 수단으로 이용하는 것이다. 이를 통해 국가 권력은 그 체제 내의 인권 탄압을 은폐할 수 있다. 냉전 시기에 남북 간 상호 인권 비난은 두 분단 정권의 반통일적, 반민주적 통치를 정당화하는 데 이용되었다. 이처럼 상호 적대적인 남북관계는 남북한 각자가 인권을 개선하고 상대의 인권 문제에 건설적으로 관여하는 것을 어렵게 했다. 적대적 관계에 있던 남북의 과거 인권 갈등의 역사는 남북이 함께 인권 개선의 길로 나서면서 상대의 인권 문제에 적절하게 개입하는 길이 무엇인지를 깊이 생각하도록 해준다.

(2) 대립적 인권관의 수렴

둘째, 북한 인권을 둘러싼 논쟁 이면에는 서로 화해할 수 없을 것처럼 보이는 인권을 둘러싼 보편성–특수성 논쟁이 있다. 물론 우리 사회에서도 인권관에 대해 합의가 이뤄져 있다고 말하기는 어렵지만, 인권이 보편적이라는 인식만큼은 널리 공유되어 있다. 역대 남한의 권위주의 정권들은 인권을 탄압하면서 정권 창출과 장기 집권을 도모했는데, 이때 토착 민주주의, 선(先)경제건설론, 정치적 안정을 명분으로 내세우기도 했다.[108]

그러나 정치 체제를 달리하는 남북한은 인권관부터 큰 차이를 보이고 있다.[109] 우선 남한은 보편주의 시각을, 북한은 상대주의 시각을 보인다. 물론 남북한 모두 인권이 사람으로서 마땅히 누려야 할 권리라는 추상적 정의에는 동의한다. 그러나 남한은 인권이 천부적이며 체제와 환경을 불문하고 누구나 향유할 성질이라고 보고, 북한은 인권 신장에는 단일한 기준은 존재하지 않고 해당 국가의 정치경제적 조건을 고려해 다양하게 접근할 수 있다고 본다.

또 북한은 인권을 계급적 시각에서 보고 있다. 예를 들어, 근대 인권 개념은 신흥 자산 계급이 봉건 통치 체제의 억압에서 벗어나는 투쟁에 근로 인민 대중을 끌어들이기 위해 만든 것이라며, 당시 인권에 대한 논의에서 '인간'은 근로 인민 대중이 아니라 유산 계급이었다고 본다. 이와 같은 북한의 상대주의적 인권관은 계급적 세계관을 뒷받침하는 근거로 이용되었다.[110]

다음으로 남한이 개인주의적 인권관을 보이는 데 비해서 북한은 집단주의적 인권관을 보인다는 차이가 있다. 남한은 미국식 민주주의, 곧 자유민주주의 이념을 건국 이념으로 삼았다. 자유민주주의는 집단의 목표 달성을 위해 개인의 이익이 훼손되는 것을 인정하지 않고, 오히려 개인의 자유와 창의를 최대한 존중할 때 그 사회도 발전할 수 있다고 본다.[111] 그에 비해 북한은 "하나는 전체를 위하여, 전체는 하나를 위하여"라는 구호가 말하듯이 집단주의를 우위에 둔다. 북한의 이른바 '사회주의적 집단주의'는 개인의 이익 자체를 반대하지는 않는다지만 국가와 사회의 이익을 개인의 이익보다 앞세우는 것이 사실이다.

또 남북한은 인권의 주요 내용에 대해서도 다른 입장을 보인다. 남한이 자유권을 중시하는 데 비해 북한은 사회권을 중시한다. 자유권에는 평등권, 생명권, 안전권, 여행 및 거주의 자유, 종교의 자유, 참정권 등이 포함되는데 국가권력과 멀어질수록 권리가 더욱 신장되는 경향이 있다. 이는 개인주의적 인권관과 상통하는 면이 있다. 남한의 민주화 운동 과정에서도 국가권력에 의한 인권 침해, 특히 정치적 자유에 대한 탄압에 항거하는 경우가 많았다. 그에 비해 북한은 사회권을 인권으로 이해하는 경향이 있다. 노동권, 교육권, 생존권, 건강권, 사회보장권 등이 사회권에 해당된다. 사회권은 자유권과 반대로 국가의 개입을 더 많이 필요로 한다. 북한은 "우리나라에서와 같이 로동에 대한 권리로부터 먹고 입고 쓰고 살 권리, 배우며 치료받을 권리에 이르기까지 사람의 모든 권리가 철저히 보장되고 있는 나라는 세상에서 찾아보기 힘들 것"[112]이라고 선전해왔다. 나아가 북한은 냉전 체제 붕괴와 경제난으로 체제의 안정을 위협받자 "국권을 잃은 나라의 인민은 인권도 유린당하게 된다"고 주장하며 '인권=국권'이라는 새로운 이론을 제시했다.[113] 북한이 사회권을 중시하는 데는 사회주의적 인권관의 영향도 있지만, 현실적으로는 국가에 의한 사회 통제의 필요성이 작용하고 있는 것으로 보인다.

이와 같은 남북 간 인권관의 차이는 냉전 시대의 자유 진영과 공산 진영 간 입장 차이를 축약해서 보여준다. 냉전 시대가 막을 내린 점을 감안하면 오늘날 북한의 인권관은 시대착오적이라고 말할 수도 있을 것이다. 그렇기 때문에 남한을 포함한 국제사회에서 북한의 인권관을 무시하고 국제사회에서 통용되는 인권 규범을 북한에 적용하자는 입장이 설득력을 얻고 있다. 그렇지만, 남한은 북한과 군사적으로 대치하고 있고 북한의 안보 불안, 저발전, 그리고 정치경제 체제 변화에 대해 가장 민감하게 반응할 수밖에 없다. 또한 남한은 빈곤과 권위주의적 통치를 경험한 적이 있고 이를 극복해냈다. 그런 남한의 입장과 경험은 남한이 북한의 인권 개선에 가장 많은 도움을 줄 수 있는 적임자임을 말해준다. 체제가 다르고 군사적 대치 상황에 있는 남북한이 인권관을 둘러싼 입장 차이를 논쟁으로 해결하기는 어려운 노릇이다. 상호 대화와 협력을 실천하는 과정에서 인권관이 변화하거나 자신과 다른 시각을 수렴할 수 있을 것이다. 코리아 인권은 국제 인권 레짐을 준거로 삼아 상호 협력하는 과정을 거치면서 극단적인 두 인권관을 화해시켜줄 것이다.

(3) 소모적인 인권 논쟁 지양

셋째, 북한 인권 문제를 둘러싼 불필요하고 소모적인 논쟁을 중단하고 논의를 생산적인 방향으로 전환시킬 필요가 있다. 이 책 제2장 2절에서 우리 사회에서 논의되어온 북한 인권 문제를 둘러싼 다섯 가지 쟁점을 소개한 바 있다. 그중 탈북자 인권 문제와 북한 인권 실태에 대해서는 다른 평가가 있을 수 있다. 이는 대북관이나 정치적 시각의 차이보다는 정보 부족이나 조사 방법의 차이에서 기인한다. 따라서 보다 객관적인 정보 수집과 조사 방법의 개선으로 평가의 차이를 줄일 수 있다. 오히려 서로 다른 정보와 조사 방법을 공유한다면 보다 정확하게 실태를 파악할 수 있을 것이고, 이는 건설적인 북한 인권 논의를 이끌어낼 수 있을 것이다.

그러나 소모적이고 불필요한 논쟁도 적지 않다. 북한 인권 문제의 원인과 개선 방법을 둘러싼 논쟁은 그런 위험을 안고 있다. 소모적이고 과도한 논쟁은 북한 인권 개선에 긍정적인 영향을 미치지 못할 수 있다. 그런 논쟁은 북한 인권 정책뿐만 아니라 대북 정책 전반에서 갈등을 가져오고, 나아가 북한 문제를 둘러싼 우리 사회의 여론을 대립과 갈등으로 몰아갈 수 있다. 이러한 대내 갈등은 우리 정부의 대북 협상에 좋지 않게 작용하거나 북한에 잘못된 신호를 보내 결국 남북관계에 부정적인 영향을 미칠 수도 있다.

정치권과 시민사회 내에서 북한 인권에 대한 논쟁이 소모적이고 과도하게 일어나는 것은 논쟁의 배경과 성격, 그리고 목적에 있어서 많은 문제점이 있기 때문이다. 북한인권법 제정을 둘러싼 논란을 예로 들어 생각해보자. 국내에서 북한인권법 제정 논의는 2004년 9월 미국에서 북한인권법이 제정되면서 시작되었다. 2005년에 당시 야당이었던 한나라당은 김문수(현 경기도지사), 황우여, 황진하 의원 등을 중심으로 북한인권법 제정을 준비했다. 같은 시기에 일본에서도 북한인권법 제정 움직임이 일어나 2006년 6월 여야 3당이 발의한 북한인권법안이 참의원을 통과했다. 미국의 북한인권법은 탈북자 및 탈북자 단체 지원에, 일본의 북한인권법은 납북자 문제 해결에 각각 초점을 맞추었다.

한나라당을 비롯해 북한인권법 제정을 지지하는 쪽에서는

미국, 일본도 북한 인권 개선을 위해 법제화 등의 적극적인 노력을 기울이는데 대한민국이 뒷짐 지고 있을 수 있겠느냐며 법안 제정의 필요성을 역설했다. 이후 한나라당과 일부 북한 인권 단체는 북한인권법 제정 캠페인을 적극적으로 벌여나갔다. 한나라당을 포함한 일부 보수 진영은 노무현 정부가 남북관계 개선과 북핵 문제 해결을 명분으로 북한 인권에는 '침묵'하면서 '퍼주기'만 한다고 비난했다. 이처럼 국내의 북한인권법 제정 움직임의 배경에는 우방국의 북한인권법 제정과 대북정책을 둘러싼 국내의 정치적 대립이 있었다. 북한인권법 제정을 지지하는 측에서는 미국, 일본의 북한인권법 제정 배경과 법안 내용을 객관적으로 분석하거나 효과를 평가하는 일보다 법안 제정 자체가 중요하다고 보고, 그런 주장을 한국이 북한인권법을 조속히 제정할 필요성을 강조하는 근거로 활용했다. 반면에 북한인권법 제정을 반대하는 측에서는 그것이 남북관계에 악영향을 미치고 북한 인권 개선에도 기여하지 못할 것이라는 우려를 표명했다. 이들은 북한인권법이 "과거의 냉전적 사고와 반북 이데올로기를 바탕으로 한 역사관에 얽매여 북한 체제 변화를 꾀하고 있어 그 순수성이 의심스럽다"고 보았다. 특히, 이명박 정부 출범과 한나라당 집권 이후 남북관계가 경색된 상태에서 북한인권법을 제정하는 것은 그런 의심을 받을 수밖에 없다고 주장했다.[114]

한나라당의 북한인권법안은 통일부를 북한 인권 주무 부서로 하고 외교통상부로 하여금 북한인권대사를 임명하게 한다는 내용, 그리고 '북한인권재단' 설립, '북한인권자문위원회'

구성, 북한 인권 단체에 대한 재정 지원 등의 내용을 골자로 하고 있다. 이 법안은 지난 2010년 2월 11일에 국회 외교통상통일위원회를 통과했다. 당시 한나라당이 법안 통과를 지지하면서 이 법안이 북한 인권 개선에 기여할 것이라고 본 반면, 민주당 등 반대측은 이 법안이 북한에 대한 인도적 지원을 막아 북한 주민들의 인권 개선에 반할 뿐만 아니라 결국 뉴라이트 단체들을 지원하게 되는 셈이라고 비난했다.

북한인권법 제정에 관한 논란은 국가인권위원회에서도 있었다. 북한인권법안의 국회 소관 상임위원회 통과를 전후로 국가인권위원회가 법안 검토 작업에 들어간 것으로 알려졌다. 비교적 빠른 속도로 심의한 후 2010년 5월 4일 국가인권위원회 전원위원회는 '북한인권기록보존소'를 국가인권위원회에 설치하는 것과 '북한인권재단' 설립 조항 삭제를 전제로 북한인권법 제정을 권고하는 결정을 내렸다. 국가인권위는 북한인권법 제정이 필요한 배경으로, 북한 정권의 인권 유린을 비판할 때 발생할 수 있는 남북 간 마찰을 "남북관계의 경색으로 호도하거나 혼동하여서는 안 될 것"이라는 점과 "침묵으로 일관하고 포용 정책을 펴왔던 지난 10년간 북한 인권이 계속 악화되어"온 점을 거론했다. 반면, 북한인권법 제정에 반대하는 소수 의견은 미국과 일본에서 북한인권법이 제정되었음에도 "지난 10년간 북한 인권이 계속 악화되어왔다면 북한인권법 제정이 북한 인권 개선에 도움이 되지 않는다는 사실을 알 수 있다"라고 지적했다. 또 "북한인권기록보존소를 [국가인권위원회를 포함해] 대한민국의 국가기관에 설치할 것을 요구하

는 것은…남북기본합의서 제1조 및 제2조[115] 등의 취지에 위배
될 소지가 많다"라고 지적했다.[116] 국가인권위원회 내의 이러
한 논란은 법리 논쟁의 형식을 띠고 있어 정치권에 비해 논쟁
의 강도는 약했다. 그러나 전원위원회 구성원들의 면모와 이
문제에 대한 입장 차이를 고려할 때, 국가인권위 내의 논의 역
시 북한인권법 제정에 관한 정치권과 시민사회의 진보·보수
입장을 일정하게 반영하고 있으며, 따라서 이 논의는 사회적
갈등을 법리 형식으로 드러낸 것이라고 볼 수 있다.

　이처럼 북한인권법 제정을 둘러싼 논란은 겉으로는 그것이
북한 인권 개선에 미치는 영향을 놓고 벌어지는 것처럼 보이
지만, 그 이면에 정치·사회 집단의 이해관계라는 정치적 맥락
이 있음을 부인하기 어렵다. 그런 논란의 와중에 우리 사회의
인권 개선 논의는 뒷전으로 처지거나 별개의 문제로 여겨질
우려가 있다. 사실 북한인권법 제정을 추진하는 한나라당이
집권하고 나서 국내 인권 상황이 악화되고 비/반인권적인 정
책과 입법이 추진되고 있다는 비난 여론이 일어났다. 북한 인
권 문제는 철저히 대상화되고, 건설적 논의의 장으로 이동하
지 못한 채 정치적 갈등의 소용돌이에 빠져든 형국이다. 그 결
과 북한 문제를 둘러싼 우리 사회 내 갈등은 이성적 토론을 통
해 완화되거나 해소되지 못한 채 정치적 갈등의 진원지 중의
하나로 남아 있다. 코리아 인권은 그런 논쟁이 정치적 갈등으
로 비화되는 것을 최소화하고 모든 논의와 방안이 실질적 인
권 개선에 이바지하도록 한다는 실사구시의 관점을 견지한다.

(4) 지역 인권 협력의 발판

아시아에는 유럽, 아메리카, 아프리카와 달리 지역 인권 기구가 없다. 1946년 초 유엔 경제사회이사회는 인권위원회를 창립했고, 1948년 12월 10일 유엔 총회는 세계인권선언을 발표했다. 1976년 양대 국제 인권 규약인 자유권규약과 사회권규약이 발효되면서 국제적 차원에서 인권 보호 노력이 전개되었다. 그러나 동시에 냉전으로 접어들면서 세계가 두 진영으로 나뉘어 대립했고, 개별 국가는 자국의 이익이나 정권의 안보를 위해 외부의 개입을 경계하게 되었다. 다시 말해 세계적으로는 인권 보호 메커니즘이 설치·운영되기 시작했지만 그것이 각국 단위까지 적용되는 데에는 많은 한계가 있었던 것이다. 그래서 국제 인권 진영에서는 그에 대한 대안을 모색했다.

국제 인권 진영은 광범위하고 추상적인 인권을 보다 구체적으로 신장하기 위해 주제별 인권 보호 기제를 만들어나갔다. 고문방지협약, 여성차별철폐협약, 아동권리보호협약, 국제난민협약과 같은 주제별 국제인권협약의 제정, 그리고 그 실태를 조사하고 심의하는 주제별 특별보고관의 임명과 인권 주제별 조약위원회의 운영이 그 예이다. 북한은 1990년대 말~2000년대 초까지 의사 표현의 자유, 종교 신념의 자유, 식량권에 관한 특별보고관으로부터, 남한은 이명박 정부 들어 의사 표현의 자유 특별보고관으로부터 조사를 받았다.

또 다른 대안이 지역 인권 기구의 설립이다. 지역 인권 기구는 지역 사정에 알맞은 인권 교육을 정립할 수 있고, 그를 통해 역내에서 평화를 유지하고 무력 사용을 감소시키고 상호 인권 원조 활동을 강화할 수 있으며, 인권 피해자들과 인권 활동가들의 목소리를 경청함으로써 문제를 손쉽게 파악할 수 있다는 장점이 있다.[117] 지역 인권 기구는 이미 유럽, 아메리카, 그리고 아프리카에서 만들어져 지역 차원의 인권 신장을 위한 역내 협력을 발전시켜왔다. 특히, 지역 인권 협력의 모범으로 평가받는 유럽 인권 기구는 두 차례에 걸친 쓰라린 대전(大戰)의 경험을 유럽연합 권역 내 인권 신장의 밑거름으로 삼았다. 유럽 인권위원회와 인권재판소 같은 상설 인권 기구가 만들어져 개별 국가와 함께 또는 독립적으로 인권 보호에 앞장서고 있다.

그에 비해 아시아에서는 지역 인권 기구 설립이 아직 걸음마 단계에 불과하다. 1996년 아시아태평양지역 국가인권기구포럼(APF)이 결성되고 2009년 아세안 정부 간 인권위원회(AICHR)의 설립이 결정됐지만, 역내 인권 신장을 위한 구속력과 집행력은 미미한 수준이다. 아시아에서 다른 지역에 비해 지역 인권 협력 수준이 저조한 것은 서구가 주도하는 보편주의적 인권 메커니즘에 대한 경계심과 국가주권을 중시하는 사고 때문이다. 특히, 유교적 가치관을 비롯한 역내 문화를 강조하는 동아시아 국가들은 개인의 권리를 중시하는 서구와 달리 공동체의 이익과 권리를 중시하기 때문에 인권 개념에서도 아시아적 특수성을 인정해야 한다고 주장한다. 게다가 서구 제국주의 국가들의 식민 통치 경험으로 인해 아시아에서는 보편적 인권을 강조하는 것이 또 다른 방식의 외부 개입으로 비치고 있고, 그것을 민족주의 정서가 자극하는 측면도 있다. 또 냉전 붕괴 이후 인권이 생태, 테러, 대량 살상 무기 확산과 같이 초국가적 관심사로서 부상했지만, 경제 개발을 통한 국민국가 발전을 우선시하는 아시아에서는 국가주권을 중시하는 사고가 여전히 우세하다. 물론 인권을 옹호하는 이들은 인권 문제가 심각한 개별 국가에 대해서는 국제적 개입이 필요하다고 주장하지만, 반대 측에서는 그런 논리가 국제기구에 영향력을 행사하는 일부 국가들의 국익을 대변하는 것일 뿐이라고 반박한다.[118]

이처럼 역내 인권 협력이 미미한 상태에서 한반도에서의 인권 개선을 위한 남북 간 협력은, 민족 공동체 수립의 조건을 조성한다는 민족적 의미와 함께 아시아 권역 내 인권 신장을 위한 협력의 토대를 마련해나간다는 지역적 의미를 함께 갖는다. 사실 남북 간에는 인권관, 인권 상황, 인권 정책에서 많은 차이가 있고 그 저변에는 이념적 차이와 군사적 대치 상황이 가로놓여 있다. 그렇기 때문에 체제 간 차이가 뚜렷하게 나타나는 인권 분야에서의 협력이 결코 쉬운 일은 아니다. 그러나 양측이 유엔과 유엔의 주요 국제 인권 규약 가입국이고 인권 보호를 헌법에 명시하고 있는 만큼 원칙적으로 인권 협력에 나서지 못할 이유가 없다. 남북이 상호 체제를 인정하고 존중하는 가운데 교류와 협력을 진행하고, 그에 따라 일정 수준의 신뢰가 형성되면 다른 분야와 함께 인권 분야에서도 가능한 사안(가령, 이산가족 상봉과 인도적 지원 같은 남북 간 인도적 사안)부터 협력할 수 있을 것이다. 여기에 관련 국제기구의 지원과 중재, 그리고 기술 협력을 더할 수 있다. 또 북한의 국제 인권 규범의 대내적 이행을 위해 관련 공무원들에 대한 인권 연수, 교정 기관의 인권 친화적인 운영, 인권 교재의 발간 및 활용 등과 관련해 남북 간 관련 기관이 협력할 수도 있을 것이다.

아시아 권역 내 인권 기구가 사실상 부재하는 상태에서 코리아 인권, 곧 남북 간 인권 협력이 간절하다. 코리아 인권은 아시아 권역 내 인권 협력 기구의 지원이 불가능한 가운데 국제 인권 규범을 한반도 전체에, 그리고 공정하게 적용하는 하나의 대안이 될 수 있다. 남북이 상대를 비방하고 대립하는 구태에서 벗어나 서로 존중하고 협력할 수 있다면 남북관계 발전은 물론 아시아 권역 내의 인권 협력 발전에도 초석을 놓을 수 있을 것이다.

(5) 인도적 문제 해결

다섯째, 북한 인권을 탈북자 문제와 이산가족, 납북자, 국군포로 등 전쟁과 분단으로 파생된 인도적 문제를 포함해 이해할 필요가 있다. 북한 인권을 북한 내의 인권이라고 정의할 경우 지리적 공간이 한정됨으로써 그에 포함되지 않은 당사자들의 인권을 소외시키는 우를 범할 수 있다. 또 북한 인권을 북한 지역 내의 문제로만 한정한다면 앞에서 살펴본 북한 인권 문제에 대한 대상화의 오류에 빠질 수 있고 국제사회가 관여할 범위를 스스로 좁힐 수 있다. 그것은 인권의 보편성을 잘못 이해한 데 따른 인식상의 문제이기도 하지만, 북한 인권 실태가 북한 지역 내에 한정되지 않는다는 현실을 반영하지 못하는 것이다. 또 실효적인 북한 인권 개선의 측면에서도 '북한 인권=북한 지역 내의 인권'으로 보는 것은 북한 인권 문제를 모두 북한의 책임으로 전가하는 한계를 드러낼 수 있다. 그런 점에서 북한 인권에 대해서는 속지주의적 규정보다는 속인주의적 규정이 실태에 더 부합하고 대책 마련에도 더 유용하다.

탈북자들이 계속해서 생겨나고 있고, 해외에 체류하는 탈북자들도 아직 정확한 실태 파악은 어렵지만 수만 혹은 수십만 명 단위로 추정된다. 또 분단과 전쟁으로 발생한 이산가족 및 납북자, 국군 포로와 그 가족들은 자신들의 의사와 무관하게 원하지 않는 삶을 강요받아왔다. 사실 이들의 문제는 냉전의 포로인 남북 정치 세력의 아귀다툼으로 발생한 대규모 인권 침해라 해도 과언이 아니다. 따라서 남북한 정권은 인도적 문제 해결에 나설 민족적, 역사적 의무가 있다. 선(先) 핵문제 해결이나 남북 간 합의 이행 등 양측 정권의 어떠한 주장도 이러한 인도적 문제 해결에 도움이 되지 못한다면 그 주장은 정권의 이익을 위한 것으로 의심할 만하다. 이들의 문제는 절박한 현실에서 벗어나 사랑하는 가족과 함께 인간다운 삶을 영위하기 위한 인도주의적 문제이자, 자기 운명을 스스로 결정하고 행복을 추구할 권리를 회복하기 위한 인권의 문제이기도 하다. 북한 인권은 이러한 문제를 포함해 논하는 것이 타당하고, 그런 점에서 북한 인권은 남한과 긴밀히 연관된 남북 인권의 일부이다. 이들의 문제 해결에 남한 정부의 역할과 시민들의 각별한 관심이 필요한 이유가 여기에 있다.

국책 연구 기관인 통일연구원이 펴내고 있는《2009 북한 인권백서》에 따르면, 휴전 이후 북한으로 납치된 사람은 총 3,810명이고 현재 총 500명이 북한에 억류되어 있는 것으로 알려져 있다. 또 북한에 억류되어 있는 국군 포로의 규모는

1만 9,409명으로 추정된다.[119] 그리고 중국 내 탈북자는 크게 감소해 2만~4만 명 정도로 추산된다. 중국 정부의 잇단 단속으로 탈북자는 최근 들어 동남아 지역으로 이동했고, 그들 대부분은 남한에 정착할 날을 기다리고 있다. 한편, 통일부가 발간한 《2009 통일백서》에 따르면 2008년 12월 현재, 이산가족 정보통합센터에 등록한 사람은 8만 8,417명에 이른다. 탈북자 문제는 북한 정부의 부인과 중국 정부의 단속으로 남한 정부가 도맡게 되었다. 남한으로 들어오려는 탈북자들을 데려오기 위해 정부는 물론 민간 단체들도 노력하고 있다.

이산가족, 탈북자, 국군 포로 문제는 남북관계에 영향을 받아왔다. 남북 화해 협력을 추진한 김대중·노무현 정부 시기에 이산가족 상봉이 많이 이루어졌고, 북한의 입장을 고려해 납북자와 국군 포로들도 이산가족 상봉의 틀 내에서 다뤄졌다. 그리고 금강산 이산가족 면회소 건립, 화상 상봉 실시 등 다양한 방식으로 이산가족 문제 해결이 시도되었다. 당시 정부는 납북자, 국군 포로의 생사, 주소 확인을 목적으로 북한의 협조를 이끌어내는 노력도 병행해나갔다. 그래서 남북은 이들을 "전쟁 시기 및 그 이후 소식을 알 수 없게 된 사람들"로 부르는 데 합의하게 되었고, 이는 그동안 납북자, 국군 포로의 존재를 부정해오던 북한의 태도 변화를 이끌어냈다. 당시 남한 정부는 북한 인권 문제에 대한 공개적인 언급을 자제했다. 그에 비해 이명박 정부는 북한 인권에 대해 대통령이 직접 언급하는 것을 비롯해 높은 관심을 보였고, 특히 납북자와 국군 포로 문제 해결을 위해 인도적 지원을 연계하는 방안을 고려하는 등 적극적인 자세를 보였다. 그러나 2010년 12월 말 현재까지 이산가족 상봉은 2009년, 2010년 각각 한 차례씩 있었을 뿐, 준공해놓은 이산가족면회소도 활용하지 못하고 납북자와 국군포로 문제에 대한 가시적 진전도 이끌어내지 못하고 있다.[120]

북한 인권에 이런 사안들을 포함시킬 경우 문제 해결의 일차적 관건이 남북 협력임은 두말할 나위 없다. 한쪽이 아무리 선명한 입장을 갖고 있고 상대방을 향해 뚜렷하고 강력한 요구를 하더라도, 상대에 대한 신뢰가 없거나 상호 협력의 분위기가 조성되지 않는 상태라면 인권 문제 해결은 난망할 것이다. 그런 점에서 인도적 지원과 협력 사업은 인도주의에 부합하며, (대북 인도적 지원의 경우) 생존권 회복을 지원하고 상호 신뢰를 조성해 전반적인 북한 인권 개선을 위한 발판으로 작용할 수 있다. 북한 인권을 광의로 정의하고 거기에 탈북자 문제와 남북 간 인도적 문제를 포함시키는 것은 소극적 차원에서는 북한 인권에 대한 대상화와 차별화를 사전에 예방하는 의미를 가진다. 보다 적극적인 차원에서는 북한 인권 개선을 위한 남한의 건설적 관여의 기회를 넓혀준다. 요컨대 남북 간 인도적 문제 해결을 위한 대화와 협력은 코리아 인권의 토대이자 가교라고 할 수 있다.

3. 코리아 인권의 방향

(1) 시민사회 내의 관련 논의

코리아 인권 구상과 유사한 시도가 시민사회에서 논의된 적이 있다. '한반도 인권회의 준비모임'이 그것이다. 이 모임은 2004년 봄, 인권운동사랑방, 좋은벗들, 평화네트워크, 참여연대 평화군축센터 등 진보·중도 성향의 북한 인권 관련 단체와 몇몇 인사들에 의해 미국의 북한자유화법안 상정에 대응하기 위해 만들어졌다. 그러나 그해 말 유엔 북한 인권 특별보고관에게 전달할 북한 인권 실태 보고서를 준비하는 과정에서 참여 단체들이 입장 차이를 줄이지 못하면서 모임의 활동은 흐지부지됐다. 당시 논쟁점은 두 가지였는데, 하나는 탈북자의 지위와 규모에 관한 것이었다. 탈북자를 난민으로 볼 것이냐 이주민으로 볼 것이냐, 그리고 탈북자가 2만~3만 명에서 200만 명까지 추정 편차가 큰데 어느 정도로 볼 것이냐 하는 것이 문제였다.[121] 다른 하나는 탈북자 증언이나 각종 보고서에 나오는 북한 인권 실태에 대한 신빙성의 문제였다. 그러다가 2006년 말부터 인권운동사랑방, 천주교 인권위원회와 일부 인사들이 다시 모임을 가지면서 이듬해 3월과 2009년 4월, 12월 세 차례에 걸쳐 유엔 북한 인권 특별보고관과 보편적정례 검토 회의에 북한 인권에 대한 대안 보고서를 제출했고, 지금까지 북한 인권 관련 동향을 모니터링하면서《한반도 인권 뉴스레터》를 부정기적으로 발간하고 있다.[122] 이들은 한반도 인권이라는 틀을 통해 남북한 인권을 역사적 맥락에서 파악하고, 체제의 차이를 초월해 국가주의가 자행한 인권 침해에 주목하고, 남북한 내부 및 남북 간 인권 문제를 포괄해 다루면서 아래로부터의 입장에서 인권 개선을 추구하고 있다.

인권운동사랑방, 천주교 인권위원회는 뉴스레터 발간을 통해 북한 인권을 대상화하는 논의 구도를 비판한다. 대표적인 것이 이명박 정부 들어 한나라당이 추진해온 북한인권법 제정에 대한 비판이다. 이들은 "'북한인권법'을 추진하는 사람들의 면면이나 그 법안을 비호하는 세력들"이 "'보편적인 인간'의 권리에 대해 진심으로 고민하지 않는다"고 판단하고, "이들이 '인권 개선'을 내세우고는 있지만, 과거의 냉전적인 역사관에 얽매여 있는 한 이들이 북한 사회에 있는 '사람들의 권리'를 증진시킬 수 있는 진정성 있는 방안에 다가서기를 기대하기도 힘들다"고 본다. 그에 따라 "'북한인권법'이 미국이나 일본에서 제정한, 같은 이름의 '북한인권법'처럼 북을 정치적으로 압박하기 위한 수단이 아니냐는 우려가 발생한다"고 말한다.[123] 이들은 인권의 보편성을 근거로 북한 인권을 다른 남북관계 사안과 분리해 다루는 이명박 정부의 북한 인권 정책에 대해서도 비판적이다. 특히 "이명박 정부가 인도적 지원의 비인도적 지원화[124] 및 인권 이슈 연계로 북한의 인권 개선 노력을 이끌어낸다면 다행이지만, 자칫 지금까지 쌓아온 신뢰를 무너뜨리고 남북관계를 경색시킨다면 북한의 긴급 구호 상황에서 인도적 지원마저 실기해 더 큰 인권 침해를 야기하지 않을까 우려스럽다"고 밝히고 있다. 이명박 정부가 취임한 2008년 벽두에 쓴 이 글은 "북한에 대해 적대적으로 접근하거나 남한과 같은 자본주의적 기준으로 일방적으로 접근할 경우, 그리고 그런 관점을 고수하고 있는 보수 진영의 입장으로 정부의 정책이 경도될 경우 북한 인권의 실질적 개선이라는 과제는 오히려 멀어질 수 있다"고 비관적인 전망을 하고 있다.[125] 이들은 남한 사회에서 북한 인권 단체가 인권의 보편성을 근거로 북한 인권을 거론하지만 정작 자신들이 살아가고 있는 "우리 사회에서 지속되고 있는 인권 침해에 대해 가해하거나 침묵함으로써 동조하고 있기까지 하다"고 비판하고, 북한 인권 문제에 대해 진정성이 있는지 의문을 표시한다. 이들의 주장은 결국 "'북한 인권 단체'가 인권 단체가 되기 위해서는…'인권'에 대한 근본적인 성찰이 필요하다"는 것인데, 구체적으로 "'인권'을 주장하기 위해서는 인권 개선의 진정성이 담보되어야 하고, 운동 과정에서의 방법론이 인권적이어야 하며, 당사자의 자력 강화를 성찰적으로 모색해야 하며, 권력으로부터 재정적·정치적 독립성을 유지해야 하고, 주장하는 인권 가치들이 다른 인권 가치들과 조화되거나 공존할 수 있는 가치여야 한다"는 것이다.[126]

《한반도 인권 뉴스레터》팀의 북한 인권 논의는 북한의 인권 상황과 북한 인권 단체들 사이의 정치적 대립에서 벗어나 어떤 시각과 방법이 북한 인권의 실질적 개선에 유용한가 하는 문제를 본격적으로 제기하고 있다는 점에서 기존 논의에서 크게 나아간 것이다. 또 그동안 북한 인권 문제를 남북관계나 북한의 대내외 환경 등 소위 특수성을 감안해 다루어온 진보 진영의 한계에서 벗어나 국제 인권론으로 다루고 있다는 점도 높이 평가할 만하다. 아직도 진보 진영은 북한의 인권 문제에 대해 객관적 정보 부족을 이유로 판단을 유보하거나, 남한을 포함한 국제사회의 북한 인권 비판을 이중 잣대라고 비판하며 맞서고 있지만, 정작 인권 개선을 위한 실질적 방안은 내놓지 못하고 있다. 바로 이것이 진보/보수를 막론하고 남한 시민사회가 북한 인권 문제와 관련해 직면한 근본 상황이다.

반독재 민주화 운동을 포함해 인권 운동을 지속적으로 전개해온 인권운동사랑방과 천주교 인권위원회 등은 북한 인권을 대상화해 다루는 것을 경계하면서도 북한 인권 실태와 북한의 인권 정책 등에 대해서 비판적으로 접근하고 있다. 이들은 유엔에서 "…인민대중 중심의 우리식 사회주의 제도에서 인권 문제는 애당초 제기조차 될 수 없다"는 "북한 정부의 인식에 대해 깊은 우려"를 표명하면서 자유권, 사회권, 그리고 여성의 권리를 포함한 북한의 인권 실태를 비판하고 건설적인 대안을 제시한 바 있다.[127] 이들은 또 북한의 단일민족 담론이 "민족주의의 틀에 갇혀 오히려 이주 노동자들을 억압하거나 외국인이나 다른 문화를 무조건 배제하는 결과를 낳는다면 그 역시 편협한 폭력을 낳을 뿐이다"라고 분명하게 지적했다.[128] 주목할 것은 이들이 김정일 정권이 표방하는 '선군정치'가 인권 침해 가능성이 있다고 정면으로 비판한다는 점이다.

북한은 이러한 선군정치와 군사주의의 연관성과 그 인권 침해적인 속성에 대해 인식하고, 스스로 선군정치에 대해 돌아볼 수 있어야 한다…자위권이나 체제 유지를 위해서라는 명목으로 군사주의의 함정에 빠지게 되면 곧 병영 국가, 군사 독재 국가, 인권 침해가

은폐되는 사회가 될 것이다.[129]

　물론 이들의 관심은 북한 인권에 대한 새로운 담론을 제시하고 보수 진영의 그것을 논박하는 데 있지 않다. 이들은 북한 인권 개선에 기여할 건설적 방법을 제시하는 것을 목표로 삼는다. 우선, 국내외에서 가장 관심을 갖고 있는 북한의 공개 처형, 종교의 자유와 안전권 침해 등 자유권 문제에 대해 이들은 "한반도에서 자유권을 말하기 위한 조건"으로 응답하고 있다. 거기에는 ① 자유에 대한 원칙의 필요성, ② 상대와 스스로의 인권 문제를 함께 성찰하는 자세, ③ 다른 인권과의 상호 연관성, ④ 대결적 자세의 지양, ⑤ 상호 체제와 이념을 존중하는 바탕에서 인권 개선 협력 등이 포함되어 있다. 이런 조건을 강조하는 것은 "군사적으로 대치하고 있는 한반도에서 남과 북의 정부가 서로의 자유권 상황을 비난할수록 결국 한반도 주민의 자유권은 왜곡되고 축소"되는 역사가 이어져왔기 때문이다.[130] 구체적으로 "'정치범 수용소'에 대해서는 정치 공세가 아닌, 북한의 구금 절차와 구금 시설의 인권 문제에 대해 차분히 접근해야 하고, 또한 '공개적인' 처형은 물론 반인권적인 '사형' 제도 자체의 완전한 철폐를 요구해야 한다"고 주장한다. 그리고 그것을 위한 국제 협력 방안의 하나로 '자의적 구금에 관한 실무그룹', '비사법적, 즉결 혹은 자의적 처형에 관한 특별보고관', '의사 표현의 자유에 관한 특별보고관' 등 유엔의 주제별 특별보고관 제도를 적극적으로 활용할 것을 제안한다.[131]
《한반도 인권 뉴스레터》팀은 북한 인권의 틀에서 볼 때 탈북자, 납북자 문제는 정치적 도구로 쓰일 수 있다고 보고, 한반도 인권의 틀에서 보면 이 문제가 주요 인권 문제일 뿐만 아니라 올바른 인권의 관점을 확립하는 계기가 될 수 있다고 말한다. 이들은 "남한의 보수 세력과 북한 인권 단체는 탈북자를 증언 대에 세우면서 북한을 악마화하고 탈북자를 대상화시켰고 자신들의 이해에 따라 과장되고 거짓된 증언을 유도하여 이용해 왔다"고 비판하고, "남한 사회는 탈북자들이 탈북 과정의 고통과 남한 정착의 어려움 속에서 겪은 자아 상실감을 극복할 수 있는 방안을 모색하고 잃어버린 자존감을 회복시켜줘야 한다"고 주장한다. 구체적으로 탈북자들에 대한 심리 치료와 인권 감수성 교육을 제시한다.[132] 이들의 눈에는 납북자 문제 역시 "전 세계적인 냉전과 분단, 그 결과인 한국전쟁이라고 하는 역사적 비극 속에서 개인의 인권이 공공연하게 침해당한 것으로 '북한' 일방만의 문제가 아닌 한반도 전역에서 발생한 남북 모두의 문제로 이해하는 것이 바람직하다".[133] 인도적 지원 문제에 있어서도 "인권 개선은 경제가 안정되고 발전된다고 해서 저절로 주어지는 것도 아니다"라고 전제하고, "다만, 현재 한반도 현실에서 대북 인도적 지원과 개발 지원은 인권 개선을 위한 첫걸음임을 인정하고, 대북 지원을 정치적 수단으로 이용하려고 하지 말아야 한다"고 주장한다.[134]

그러나 이들 진보 진영 일부에서 일고 있는 북한 인권에 관한 대안적 접근은 그 참신성에도 불구하고 아직 논의 수준을 넘어서지 못하고 있다. 그것은 이런 논의에 동참하는 단체들이 적기도 하지만 이들 소수 단체가 남한 사회의 인권 문제에 전념하는 동시에 북한 인권 문제를 다루는 데 따르는 현실적 제약이 있기 때문이다. 또 이들은 북한 인권에 접근함에 있어서 "역사적·문화적 배경을 존중하는 인권의 보편적 실현"을 언급하는데, 그 배경이 북한의 인권 실태를 이해하는 데는 도움이 되지만 대안을 마련하는 일로는 연결되지 못하고 있다. 이는 이들이 북한 인권 논의가 국내의 정치적 도구로 이용되는 현상을 경계하는 데 치중한 나머지 북한 인권의 실질적 개선 방안을 제시하는 데는 아직 미흡하다는 것을 보여준다. 그럼에도 시민 단체의 이런 건설적인 논의는 코리아 인권 구상에 적지 않은 자양분이 될 것이다.

(2) 코리아 인권의 방향

코리아 인권이란 "남북한이 국제 인권 원리와 상호 존중의 정신 아래 인권 개선을 위해 협력해나가는 과정과 그 결과가 한반도 차원에서 나타나는 상태"를 말한다. 이는 남북한이 상대의 인권 문제를 도구화·대상화하지 않고 한반도 차원의 공동 협력 과제로 인식하는 것을 전제로 한다. 유엔의 정신이기도 한 평화 공존과 국제 협력은 코리아 인권이 지향하는 인권 개선 전략의 지지대이다. 또 민주화, 분쟁 해결 과정과 마찬가지로 인권 향상에 있어서도 당사자의 의지와 능력이 가장 중요하다. 인도적 개입 상황을 예외로 한다면 외부자에게는 감시자, 촉진자, 조력자의 역할이 합당하다.[135] 물론 인도적 개입의 경우에도 위협이 외부의 군사적 개입을 필요로 할 정도로 심각한가, 개입이 적절한 목적이고 최후의 수단인가, 또 군사적 개입이 위협 수준에 상응하는 최소한의 것인가, 그리고 군사적 대응이 상황을 악화시키지 않을 합리적 방법인가와 같은 기준을 충족시켜야 한다.[136] 인권 문제 관련 당사자들 사이의 관계가 전도될 경우 인권 개선을 명분으로 한 외부의 개입은 또 다른 인권 침해를 초래할 수 있고, 해당 주체가 역량을 쌓을 수 없게 된다.

남한의 입장에서 코리아 인권은 남한의 적극적 역할로 북한 인권을 실질적으로 개선해내는 소극적 측면과 남북한이 상호 인권 개선에 건설적으로 관여함으로써 인권 친화적인 통일과 아시아 인권 레짐 형성에 기여하는 적극적 측면을 함께 갖고 있다. 이 책에서의 논의는 코리아 인권의 소극적 측면에 중점을 두고 있는 셈이지만, 이것이 적극적 측면을 소홀히 다룬다는 의미는 결코 아니다. 북한 인권 상황의 전반적 개선 없이는 적극적 측면의 코리안 인권을 실현하기 어렵다는 점에서 우선 소극적 측면의 코리아 인권에 관심을 두자는 것이다.

코리아 인권에 접근하는 길을 여기서 세부적으로 제시하지 못할 수도 있지만, 기본적으로 맥락적 보편주의, 역사구조주의, 포괄적 접근이라는 세 가지를 제시하려 한다.

이 중 맥락적 보편주의는 인권의 보편성을 구체적인 인권 현실에 적용하는 것이다. 즉 맥락적 보편주의는 해당 인권 문제 안팎의 배경과 조건을 실질적 인권 개선에 활용하는 접근 태도이다. 맥락적 보편주의는 인권을 둘러싼 소모적인 보편성-상대성 논쟁을 건설적인 인권 개선 전략으로 전환시킨다는 의미가 있다. 인권의 개념과 실천은 동일한 공통성을 가져야지

때와 장소에 따라 달라질 수는 없다. 문제는 인권의 보편성만으로 구체적인 현실 속에서 인권 개선 방법을 마련할 수 없다는 것이다. 그래서 특정 인권 문제 해결을 위해 인권의 보편성 위에서 그 인권 문제를 둘러싼 관련 조건이나 배경을 고려하자는 것이다. 사실 오늘날 통용되는 인권의 보편성이라는 개념도 많은 인권 문제의 해결 과정, 곧 인권 운동을 통해 추출된 역사적 표상이지 관념의 유희가 아니다. 그러므로 구체적인 인권 문제의 해결을 추구할 때는 그 문제가 놓인 맥락context을 고려하는 것이 필수적이다. 이것은 인권의 보편성을 추상적, 선험적, 탈역사적으로 파악하는 입장과 다르다. 맥락적 보편주의는 인권의 보편성만으로 현실의 모든 인권 문제에 접근하는, 그래서 인권을 개선하기보다는 오히려 상황을 더 악화시킬 수 있는 절대적, 극단적 보편주의와 거리가 멀다.

맥락적 보편주의는 인권 개선 전략의 기본 관점이라 할 수 있다. 북한 인권, 나아가 코리아 인권을 염두에 둘 때 맥락적 보편주의란 몇 가지 접근 원칙으로 구체화될 수 있을 것이다. 보편성, 불가분성, 상호 의존성, 그리고 상호 연관성 등 인권의 속성을 존중하는 것이다. 이것은 맥락적 보편주의를 상대주의와 구별해줄 뿐만 아니라, 인권 개념의 발달 및 인권과 타 보편 가치의 상호 연관성까지 포괄한다. 오늘날 세계적 수준의 상호 의존의 심화와 이를 반영한 국제 인권 논의 경향, 그리고 북한 인권 문제의 복잡성을 고려할 때 인권과 타 보편 가치의 상호 연관성은 더욱 중요하게 고려할 바이다. 북한 인권과 관련되어 있는 개발, 평화, 인도주의, 민주주의, 화해의 문제, 그리고 한반도에서 그런 보편 가치들의 실현을 어렵게 만드는 분단 체제는 코리아 인권이 포괄적 범위에서 그리고 지속 가능한 방식으로 접근해야 할 이유를 말해준다.

둘째, 코리아 인권을 거시적 시각에서 보는 역사구조주의는 종합적인 인권 실태 파악과 원인 규명에 유용하다. 물론 구체적인 인권 침해 현상에 대해서는 보호 조치와 함께 인권 침해 중단 및 방지를 위한 조치가 필요하다. 그러나 그런 식의 접근은 인권 침해 근절 및 인권 증진을 위한 근본적 대안이 될 수 없다. 미시적 접근은 대증요법적 해결에 그칠 수 있기 때문이다. 특히 코리아 인권으로 남북한 인권 문제에 접근할 경우 미시적 접근의 한계가 잘 드러난다.[157] 가령, 탈북자 인권 문제를 다룰 때 개별 탈북자들을 보호할 수도 있고 그에 직접 관련 있는 북한, 중국 정부를 비난할 수도 있지만 그것은 탈북자 인권 문제를 예방하거나 궁극적으로 해결하는 방안이 되기 어렵다. 역사구조주의 입장은 탈북자 인권 문제의 원인, 역사적 배경, 해결 방법 등을 다룸에 있어 한반도와 동북아의 이중 분단 체제까지 포함한 다층적 변수와 남북을 포함한 국제 협력, 그리고 이중적 정체성으로 인해 혼란을 겪는 탈북자의 입장까지 함께 고려하는 것이다. 이는 인권 침해 사건이 발생하면 사건별로 대응하여 북한 정부를 비난하고 탈북 유도-탈북자 보호-탈북자의 남한 입국을 추진하는 메커니즘과는 분명한 차이를 보인다. 이처럼 역사구조주의는 인권 문제의 실태, 원인, 해결 방법을 특정 현상적인 요인이나 국가의 책임으로 돌리는 단순한 접근을 넘어 역사적 배경을 고려한 구조적 해결을 추구한다. 요컨대, 코리아 인권에 관한 역사구조주의적 인식은 분단, 전쟁, 체제 경쟁으로 남북한 인권을 역사적으로 악화시켜온 구조적 제약을 공동으로 해결할 전기를 마련하는 데 관심을 둔다. 따라서 코리아 인권은 남북한 인권 개선을 남북관계 발전과 한반도 평화 정착 등 다른 주요 과제들과 별개의 것으로 파악하지 않고 상호 보완적인 것으로 본다. 한반도 평화가 위협받고 남북관계가 파탄 지경에 있는데 남북한 인권(사실은 북한 인권)을 거론하는 것이 인권 개선에 도움이 될 수 있겠는가? 물론, 남북관계와 평화를 명분으로 남북한 인권 증진을 소홀히 한다면 그것은 남북한 정권 혹은 기득권 세력의 반인권 야합으로 의심받을 수 있을 것이다.

셋째, 맥락적 보편주의 관점과 역사구조주의 인식이 코리아 인권 증진의 두 축이라 할 때 코리아 인권의 기본 전략으로서는 포괄적 접근이 적합할 것이다. 코리아 인권에 대한 포괄적 접근은 인권 범주와 관련 변수의 복잡성을 직시한다. 코리아 인권의 시각에서 인권의 범주는 남북한 각각의 대내적 인권, 남북 사이의 인권, 탈북자를 비롯한 재외 동포의 인권을 망라한다. 그리고 이들 인권 범주에는 남북한 각각의 정치·경제 체제와 인권관은 물론 분단 체제와 남북관계, 그리고 북미 관계를 비롯한 한반도 주변 정세도 변수로 작용한다. 그 경우 포괄적 접근은 인권의 불가분성은 물론 인권과 타 보편 가치의 상호 의존성하에서 관련 행위자 간 협력, 특히 남북 간 협력을 기본 행동 전략으로 제시할 수 있다.

(3) 남북한 인권 협력

그러면 코리아 인권 증진 과정에서 가장 큰 역할을 담당할 남한의 역할은 무엇인가? 여기서는 북한 인권 개선과 관련한 역할과 남한 내의 인권 개선과 관련한 역할, 이 둘로 나누어 생각해볼 수 있을 것이다.

북한 인권 개선과 관련해 남한의 정부와 인권 단체, 그리고 국가 인권 기구는 상호 협력 속에서 역할 분담을 할 수 있을 것이다. 먼저, 인권 단체들은 ▲남북한 인권 협력 포럼을 열어 '남북한 인권 협력 가이드라인'을 작성해 정부를 통해 북한에 전달하고, ▲북한 측과 인권 대화와 인권 학술회의를 갖고, ▲유엔 인권고등판무관실과 협력하여 '인권기술 협력과 자문 서비스'의 기획안을 구성하여 남북한 정부에 제시하고, ▲남북한의 협의 및 이행 과정을 점검할 수 있다.

둘째, 남한 정부는 ▲북한 정부, 유엔 인권고등판무관실과 협력하여 '인권 기술 협력과 자문 서비스'의 구상을 협의하고 그 이행을 모색하는 한편, ▲'남북한 인권 교육 협력 방안'을 마련하고, ▲'인권 기술 협력과 자문서비스'를 촉진할 유엔 결의안을 공동 발의할 수 있다.

그리고 남한의 국가 인권 기구는 ▲북한 인권 개선을 위한 인권 교육, 인권 규범 및 정책 자문 서비스안을 작성하여 그 실행 방안을 정부에 권고하고, ▲유엔 인권고등판무관실과 함께 대북 기술 협력과 국가 인권 기구 설립을 지원할 수 있을 것이다 (표 3 참조).[138]

물론 이와 같은 구상에 대해 그저 현실성 없는 꿈에 불과하

〈표 3〉 남북 인권 협력 방안

사업	내용	시민사회의 역할	정부의 역할
남북한 인권 협력 포럼	- 북조선사회주의 체제의 인권론 검토 - 자유주의 인권/사회주의 인권 쟁점 정리 - 남북한 인권 협력-가이드라인 도출	- 평화 지향적 북한 인권 단체 참여 - 민간 공동 기구 구성	국가인권위 협력
유럽연합/유엔 인권고등판무 관과의 간담회	느슨한 의견 교환	관심 단체 참여	국가인권위 협력
북조선 정부와 접촉 시도	가이드라인 전달		정부 협력
북조선 정부와 인권 대화	느슨한 의견 교환	민간 공동 기구	정부 협력
남북한 인권 학술회의	- 중국 등 제3국에서 개최 - 동의 가능한 의제 선정, 소수 전문 비정부 기구 초빙 - 학술 자료 편찬 - 정례화	- 한국 학술 기관 주도 - 언론 협조	정부 협력
기술 협력 자문 서비스 제안	- 대 유엔/한국 정부 활동 - 한국 정부와 UNHCHR에 제안	민간 공동 기구 에서 제안	정부 협력
국가인권위와 기술 협력 자문 서비스 기획	- 북한 인권 개선을 위한 인권 교육, 인권 규범 및 정책 자문 서비스 제공안 작성, 한국 정부에 권고	민간 공동 기구 가 국가인권위 에 제안, 협력	국가인권위 주도
남북한 인권 교육 협력 방안	남북한 공동 선언		남북한 정부
코리아 인권 교육 증진 방안 워크숍	- 남북한 인권 교육 정책 담당자, 인권 교육학자/연구자, 인권 교육가, 남북한 및 국제 인권 단체 참여 - 남북한 기관이 공동 주최 - 상호 훈련을 중심으로 하는 워크숍으로 진행	민간 공동 기구 가 제안	유네스코, 남북한 정부, 국가인권 기구, 국제기구, 한국 국가인권위 공동 주관
유엔 인권위 새 결의안 제안	- 한국 정부, 유엔 인권위에서 '북한 인권 기술 협력 및 자문 서비스 증진을 위한 결의안' 제출. 기존 결의안 대체 - 한국 정부 결의안 이행 비용 충당	민간 공동 기구 가 주도	- 국가인권위, 정부에 권고 - 민관 정책 등 협의
남북 인권 협력 추가 제안	향후 추가 사업, 정례화 제안	여론화	국가인권위, 공청회 개최
남북한 인권 협력 포럼	- 1년 활동 평가 - 새 구상, 공동 기구 확대 - 연구 분석-활동 보고 병행	민간 공동 기구 주최	국가 인권위에 서 개최

* 출처: 이대훈, 〈비갈등적 북한 인권 개입〉, 한국인권재단 주최 2008 제주인권회의 발표문 (제주, 2008년 6월 28일).

다고 말할 수도 있다. 이 구상의 현실성은 우선 북한의 긍정적 반응에 달려 있다. 남북관계가 경색되어 있거나 갈등 상황에 있는 경우 이 구상은 실현 가능성을 잃게 된다. 이런 점에서 코리아 인권이 남북관계 발전과 별개의 문제가 아니라 상호 보완적이라는 앞의 전제가 현실적 의미를 가진다. 즉 상호 신뢰 구축을 통한 우호적인 남북관계의 형성이 북한의 실질적 인권 개선, 나아가 코리아 인권에 필수적인 조건이다. 신뢰 구축을 위해서는 상호 체제 존중을 전제로 한 교류 협력이 활성화되어야 한다. 이것은 7·4 남북공동성명의 정신을 바탕으로 남북 기본합의서, 6·15 공동선언, 그리고 10·4 정상선언 등 남북 간 기존 합의 사항을 충실히 이행하면 될 일이다.

남북 인권 협력의 또 다른 조건으로는 북한의 대외 환경 개선을 꼽을 수 있다. 북한 인권 개선을 위한 남한의 건설적 역할에는 국제 협력을 이끌어내는 것도 포함된다. 김대중 전 대통령이 미국, 일본은 물론 유럽연합 측에 북한과의 관계를 정상화할 것을 촉구해 북한의 개혁 개방을 위한 국제 협력을 이끌어낸 것이 좋은 예이다. 안보, 경제 분야를 포함한 북한의 전반적인 대외 환경 개선은 북한이 남한과 국제사회의 인권 개입에 긍정적으로 반응하는 데 긴요하다. 그 대표적인 것이 미국, 일본의 북한과의 국교 정상화와 대북 경제 제재의 해제일 것이다. 물론 이 두 조건을 충족시키기 위해서 북한이 한반도 비핵화 공약을 이행하는 일이 수반되어야 한다. 또한 남북 인권 협력을 준비하는 과정에서 국내외 인권 단체들이 남북한의 인권 상황을 감시하고 탈북자를 보호하는 일을 지속해야 할 것이다.

이 두 가지 조건은 북한이 본격적인 개혁 개방을 추진하는 촉매제가 될 수 있고, 그때 남한의 북한 인권 개선 노력은 실효를 보기 시작할 것이다. 이는 과거 소련과 동구 사회주의 국가들이 겪었던 역사적 경험과 부합한다. 물론 사회주의 진영의 개혁 개방 이전에도 서독을 포함한 서방 국가들이 사회주의 국가들의 인권 문제를 헬싱키협정 이행 과정에서 제기한 것은 사실이지만, 그것이 가능했던 것은 동서 양 진영이 헬싱키협정에서 쌍방의 이해관계(특히, 동구의 경우 주권 존중, 내정 불간섭, 경제·기술 협력 등)를 상호 존중하는 데 합의했기 때문이다.[139] 헬싱키협정 체결 후에도 본격적인 인권 논의를 위해 인적 접촉human contact과 지원을 통한 동서 간 신뢰 구축과 동구 진영의 대외 환경 개선이 있었음을 상기할 필요가 있다.[140] 물론 그 과정에서 서방의 인권 단체들이 난민과 망명자를 보호하고 사회주의 정권의 인권 침해를 감시한 것은 오늘날 북한 인권 단체들의 활동과 같다.

사회주의 경제의 비효율성이 야기한 경제 성장의 침체와 노동 의욕 감퇴, 그리고 북한의 경우 특히 과도한 군사비 지출은 대외 개방을 반드시 필요로 한다. 다만, 북한이 대외 개방 속도에 신중한 것은 체제의 안전 문제 때문이다. 과거 냉전 시대에는 미소 간 세력 균형이 있었고 유럽의 경우 헬싱키협정을 통해 동서 양 진영의 35개 국가들이 국가주권 존중, 내정 불간섭에 합의했다. 동시에 양측은 인권 존중에도 합의했다.[141] 그런데 북한의 입장에서 보면 그런 여건이 사라져버렸다. 즉 상호 이익을 균형 있게 충족시킬 국제정치적 조건으로서의 세력 균형이 무너진 것이다.[142] 이런 점을 고려할 때 북한에 대한 안전 보장은 북한의 대외 개방을 촉진하고 인권 문제에 대한 국제 사회의 합법적이고 활발한 관여를 증진시켜줄 필요조건인지 도 모른다. 요컨대, 인권의 보편성에 입각해 열악한 북한 인권 을 개선한다는 당위론을 북한의 수용 가능성과 연결하는 전략 이 일차적 관건이다. 북한 인권 문제에 대한 구조적 인식과 포 괄적 접근이 필요한 이유가 여기에 있다.

신뢰 구축과 대외 환경 개선이 코리아 인권의 본격적 추진 을 위해 필요하다면, 표 3에서 예시한 남북 인권 협력 방안들 도 그 두 조건을 감안해 단계적으로 실행해나갈 수 있을 것이 다. 가령, 남북한 인권 협력 포럼, 유엔 인권고등판무관실과의 대화, 기술 협력 자문 서비스 제안, 국가인권위와 기술 협력 자 문 서비스 기획, 그리고 북한 측과의 접촉 시도 등은 신뢰 구축 과정에서 추진할 수 있는 방안들이다. 반면에 인권 대화 등 그 밖의 방안들은 남북 간 신뢰가 어느 정도 구축되고 북한의 대 외 환경이 개선된 후에 추진할 수 있을 것이다. 여기서 북한의 대외 개방의 수준과 남북관계의 수준이 국제사회의 북한 인권 개선의 주요 변수임을 알 수 있다. 그 둘의 수준이 낮을 때는 북한 내의 인권 침해 중단에 역점을 두는 국제 감시 네트워크 가 큰 역할을 해야 할 것이고, 북한의 대외 개방과 남북관계가 발전할 경우에는 남한이 주도적 역할을 하여 북한의 인권 증 진 능력을 높이는 데 주력해야 할 것이다. 따라서 남북 인권 협 력은 이 두 변수에 따라 내용과 수준이 결정될 것이다.

이제 코리아 인권의 적극적 측면을 잠시 살펴보자. 남한 인권 증진 노력은 한편으로는 남한이 인권의 보편성을 지지하고 북한의 상대주의적 반응을 차단함으로써 아시아 인권 레짐 형성에 기여하고, 다른 한편으로는 인권 친화적인 통일을 준비한다는 의미를 갖는다. 만약 남한이 국내 인권 문제를 간과한 채 북한 인권을 대상화해 다룬다면, 그것은 인권의 보편성을 훼손할 것이고 북한 인권의 실질적 개선에도 기여하기 어려울 것이다. 또 남한이 북한 인권 개선에 대해 발언할 수는 있겠지만, 대내 인권 상황이 후퇴하는 상태에서 북한 인권을 거론할 경우 북한의 긍정적 반응을 얻기는커녕 국제사회의 신뢰마저 상실할 수 있다. 이처럼 남한 내의 인권 증진은 북한 인권 개선은 물론 인권 친화적인 통일을 준비하는 데도 꼭 필요하다. 남북 간 협력과 국제사회의 지지가 조화를 이룰 때 통일이 가능하다는 데에는 이견이 없을 것이다. 남한이 대내적으로 인권 향상을 위해 계속해서 노력할 때 국제적 지위, 소위 국격(國格)의 상승을 이룰 수 있음은 물론 북한 인권 개선에도 보다 큰 역할을 할 수 있을 것이다. 말하자면 코리아 인권은 남북관계가 악화된 상황에서 창피 주기식으로 접근하는 것과는 정반대되는 길이다.[143]

이 글은 북한 인권에 대한 국제사회의 지속적인 관심과 노력에도 불구하고 그에 상응하는 실효적 개선이 이루어지지 않고 있는 현실을 논의의 출발점으로 삼고 있다. 물론 그 일차적 원인을 북한 정부의 소극적인 반응에서 찾을 수 있지만, 여기서는 국제사회의 역할에 주목해 인권의 보편성이 구체적인 인권 문제에 적용되는 과정에서 나타나는 문제점을 중심으로 다뤘다. 국제 인권 진영은 인권 개선 경험과 국제 인권 레짐을 활용해 북한 인권 개선에 건설적이고 유용한 역할을 할 것으로 기대된다. 국제사회가 북한에 관심을 갖고 북한 정부를 비판하는 것도 그런 역할을 자임하기 때문이라 할 수 있다.

그러나 지금까지 국내외에서 나타난 북한 인권 정책을 살펴보면, 인권은 보편적이지만 인권 문제에 대한 인식과 접근 방식은 보편적이지 않을 수도 있다는 것을 알 수 있다. 그런 현상은 남한의 북한 인권 논의에서 뚜렷하게 나타난다. 물론 거기에는 남한이 북한과 맺고 있는 복잡한 관계가 일차적으로 작용하고 있다. 그럼에도 남한은 국제사회의 다른 행위자들과 함께, 혹은 그보다 더 적극적으로 북한 인권 개선에 나설 수 있고, 또 나서야 한다. 북한 인권 범주에는 북한 내의 인권만이 아니라 남북한이 다 같이 관련된 사안도 있고, 북한 인권 문제는 대북 통일 정책과도 무관하지 않기 때문이다. 이 책이 국제사회의 북한 인권 접근 과정에서 노출된 문제점을 지적하면서도 그 극복 방안과 과정에 대해 남한을 중심으로 다룬 이유가 여기에 있다.

코리아 인권은 남북한이 국제 인권 레짐에 입각해 상호 존중을 바탕으로 한반도 차원의 인권 신장을 위해 협력해간다는 새로운 시작이다. 코리아 인권은 맥락적 보편주의, 역사구조주의, 포괄적 접근 등의 방향성을 갖고, 남북 간 신뢰 구축과 북한의 대외 환경 개선을 필요조건으로 삼아 북한 인권 문제에 접근한다. 코리아 인권은 무엇보다 남한의 적극적 역할을 요구한다. 구체적으로 북한 인권 개선을 위한 건설적인 개입, 국제 협력, 그리고 남한 내의 인권 개선 노력을 꼽을 수 있다. 특히, 남한이 내부 인권 문제에 성찰적 자세를 보이는 것은 자체 인권 개선은 물론 북한의 인권 개선 노력을 견인하는 효과를 가져온다는 점에서 중요하다. 남한 정부는 코리아 인권의 틀에 비추어 기존 북한 인권 정책의 한계를 평가하고, 국내외 행위자들과의 협력을 바탕으로 적극적인 역할을 수행해나갈 필요가 있다. 코리아 인권은 북한 인권 개선을 위한 남한의 건설적 역할을 보장할 뿐만 아니라 남북 공통의 인권 개선과 남북관계 발전을 병행할 수 있음을 보여줄 것이다. 그럼으로써 '국제 인권 규약의 대내적 이행'을 한반도 차원에서 추진하고, 남북이 한반도 평화를 정착시키고 통일의 길을 걸어가면서 나아가 아시아 인권 신장을 이끌어갈 수 있을 것이다. 이런 기대가 현실화된다면 코리아 인권은 국제 인권 상황의 개선에 이바지할 수 있다. 왜냐하면 코리아 인권은 인권에 대한 근본주의, 선택주의, 상대주의, 도구주의 등 여러 오류를 피하고 인권의 보편성과 불가분성을 구체화하며 인권과 다른 보편 가치의 상호 의존성을 증명함으로써, 인권의 범주와 개선 방법을 더욱 풍부하게 해줄 것이기 때문이다.

물론 코리아 인권 구상의 한계가 없지 않다. 코리아 인권에 거는 기대 효과를 현실성 있게 설정하기 위해서라도 한계를 직시할 필요가 있다. 무엇보다 코리아 인권이 행동으로 구체화될 때까지 충족시켜야 할 필요조건이 산적해 있다. 인권의 범위를 평화권, 발전권 등으로 확대하고 인권과 타 보편 가치와의 조화를 추구하는 것은 이상주의라는 지적을 받을 수 있다. 또 코리아 인권의 접근 틀과 그 추진 여건을 조성하는 데 많은 시간과 비용이 필요하다면 그것이 충족될 때까지 북한에서 일어나는 인권 침해 현상에 대한 대응은 공백으로 남아 있을 수 있다. 인권의 발전은 인권이 침해받는 현실의 벽을 뚫고 인간다운 삶이라는 이상을 실현하는 과정이다. 그 꿈을 원대하게 그리면서도 현실에서 직면하는 문제는 놓치지 않아야 할 것이다. 거시적, 장기적 관점에서 구상된 코리아 인권은 분명 미시적, 단기적 전략으로 보완될 필요가 있다. 코리아 인권이 거시적, 구조적 접근에 주목하는 것은 그동안 국제사회의 북한 인권 정책이 미시적, 단기적 접근을 중심으로 전개되어온 점에 주목했기 때문이다.

코리아 인권은 그동안의 북한 인권 관련 논의와 정책을 성찰하는 기회를 제공하고, 북한에 대한 비판과 압박 위주의 접근을 넘어 실질적 인권 개선으로 나아갈 방향을 제시한다. 또 북한 인권과 남한 인권이 별개의 문제가 아니라 동전의 양면임을 보여주고, 남북관계와 북한 인권이 선택의 문제가 아니라 동시에 추구할 과제임을 강조한다.

1) 인권에 대한 보편적정례검토 제도는 2006년 3월 15일 유엔 인권이사회의 설치 결정과 함께 채택되었다. 이 제도는 유엔 회원국이 모두 4년에 한 번씩 의무적으로 자국의 인권 상황을 평가받도록 규정하고 있다. 한국은 2008년, 북한은 2009년 보편적정례검토를 받은 바 있다. 이 제도는 유엔 인권 기구가 정치화, 이중 기준, 선별성의 문제를 안고 있다는 그동안의 지적을 극복하는 데 기여할 것이라는 기대를 모으며 출발했다. 유엔의 관련 웹 사이트는 http://www.ohchr.org/EN/HRBodies/UPR/Pages/UPRMain.aspx.

2) 인권고등판무관실은 유엔에서 인권 업무를 관장하는 기구로서 인권 활동을 촉진하고 조정하는데, 다음과 같은 네 가지 구체적인 사업 목표 아래 활동하고 있다. 첫째, 유엔 인권 활동의 효과를 높이고, 둘째, 유엔의 인권 이행 및 조정 활동을 확대하며, 셋째, 국가·지역·국제적 차원의 인권 증진 및 보호 역량을 높이고, 넷째, 유엔을 포함한 인권 기구들이 내놓은 보고서·권고·결의를 분석하고 홍보한다.

3) http://www.ohchr.org/Documents/Publications/HRhandbooken.pdf(검색일: 2010년 11월 20일).

4) 린 헌트, 《인권의 발명》, 전진성 옮김(돌베개, 2009), 25~26쪽.

5) 고문방지협약 선택의정서의 제1장은 "이 선택의정서의 목적은 고문 및 그 밖의 잔혹한 비인도적인 또는 굴욕적인 대우나 처벌을 방지하기 위해 국제적, 국내적 차원의 독립적인 기구가 자유를 박탈당한 사람들이 있는 장소를 정기적으로 방문하는 시스템을 구축하는 것이다"라고 밝히고 있다.

6) '인종 청소ethnic cleansing'는 1990년대의 유고슬라비아 해체 과정과 르완다 사태에서 발생한 종족 간 대량 민간인 학살을 가리키는 말

로 국제사회에 널리 알려지기 시작했다. 세르비아계가 지배하던 유고슬라비아 연방이 해체되는 과정에서 코소보, 보스니아, 크로아티아 지역에서 독립을 추구하던 알바니아, 크로아티아, 보스니아인들은 유고정부가 지원하는 세르비아계에게 집단 학살을 당했고 그 과정에서 상호 보복이 일어났다. 르완다 사태에서도 정권 장악을 둘러싸고 후투족과 투치족 사이에 대량 살육이 일어났다. 두 사태에서 각각 수십만 명의 민간인이 살육당했다. 그러나 '인종 청소'라는 말은 1차 세계대전으로 거슬러 올라간다. 1차 세계대전에서 승리한 프랑스는 독일로부터 알자스-로렌 지방을 되찾는데 이때 1871년 이후 그 지역에서 살아온 독일인을 대량 살상했다.

7) 국가의 인권 신장 의무에는 국가권력이 개입하지 않음으로써 이루어지는 소극적 측면과 국가권력의 개입으로 가능한 적극적 측면이 있다. 이는 자유권, 사회권 모두에 해당한다. 그런 점에서 자유권은 국가의 소극적 의무로, 사회권은 국가의 적극적 의무로 이루어진다는 말은 국가의 인권 신장 의무를 온전히 담고 있지 못하다.

8) 이에 대한 논의와 인권론의 분류와 통합에 대해서는 Bhikhu Parekh, "Non-ethnocentric universalism", Tim Dunne·Nicholas J. Wheeler (eds.), *Human Rights in Global Politics*(Cambridge: Cambridge University Press, 1999), 128~159쪽.

9) 국제법률가위원회, 《경제적, 사회적 및 문화적 권리의 사법집행: 사법 심사가능성 비교연구》, 박찬운 옮김(국가인권위원회, 2009).

10) 국제자유권규약 제4조 3항의 내용은 다음과 같다. "의무를 위반하는 조치를 취할 권리를 행사하는 이 협약의 당사국은, 위반하는 규정 및 위반하게 된 이유를 유엔 사무총장을 통해 이 협약의 타 당사국들에게 즉시 통지한다. 또한 당사국은 그러한 위반이 종료되는 날에 동일한 경로를 통해 그 내용을 통지한다."

11) 국제인도법International Humanitarian Law은 종종 '무장갈등법Law of Armed Conflict' 혹은 '전쟁법Law of War'으로도 불린다.

12) 현대 국제인도법은 1949년 제네바회의에서 나온 네 개의 협약(지

상 무장 갈등에서의 부상자 보호, 해상 무장 갈등에서의 부상자 보호, 전쟁포로 처리, 전시 민간인 보호 등에 관한 협약)과 1977년에 채택된 두 개의 선택의정서(무장 갈등에서의 희생자 보호, 비무장 갈등에서의 희생자 보호와 관련된 의정서)를 말한다.

13) 1999년 3월 1일 발효된 대인지뢰금지협약Mine Ban Treaty은 오타와 협정Ottawa Treaty이라고도 불린다.

14) 청원 절차의 개정으로 유엔 인권이사회는 인권 침해를 당한 개인은 물론 단체의 청원도 받을 수 있게 되었다.

15) 유엔에서 인권 관련 특별 절차가 설치된 계기는 1973년 칠레의 군인 피노체트Augusto Pinochet가 주도한 친미 군부 쿠데타 발생이다. 유엔 인권위는 1975년 칠레의 인권 상황에 대한 조사를 위해 특별 실무 그룹을 결성했고, 1979년 이 실무 그룹은 한 명의 특별보고관과 두 명의 전문가가 칠레의 실종자에 대한 조사를 담당하는 것으로 대체되었다. 1980년 인권위는 전 세계의 강제 실종자 문제를 다루기 위한 실무 그룹을 결성하게 된다. 특별 절차를 수행하는 사람은 특별보고관, 사무총장 특사, 독립전문가 등으로 불리는데, 이들의 임무는 인권 원칙이 현실에서 어떻게 적용되는지를 분석하고 정부 간 논의의 기초를 형성하며, 침묵하고 있는 피해자가 목소리를 낼 수 있게 해주고, 인권 보호를 위한 구체적 조치와 관련 정부와의 대화를 추진한다. 2010년 6월 현재 유엔에서는 31개의 주제별, 8개의 국가별 특별 절차가 가동되고 있다.

16) 국제형사재판소(ICC)는 집단 살해죄, 반인도 범죄, 전쟁 범죄, 그리고 침략 범죄를 저지른 개인을 처벌하기 위해 2002년 7월에 설치되었다. 네덜란드 헤이그에 본부를 둔 국제형사재판소는 2009년 3월 수단 다르푸르 지역에서 발생한 인종 학살 사태의 책임을 물어 수단의 알 바시르 대통령에게 체포 영장을 발부했다.

17) 서보혁, 《북한 인권: 이론, 실제, 정책》(한울, 2007), 58~59쪽.

18) 기본적 필요란 인간이 물질적 복지를 장기적으로 영위하는 데 절대적으로 필요한 자원을 말하는데 여기에는 식량, 물, 거주, 의복뿐만 아니라 위생, 교육, 건강 관리도 포함된다.

19) 국제 인권 기준의 대내적 이행은 특정 국제 인권 규약 가입국이 협약 이행을 위해 인권 관련 법률을 제·개정하고 이행 기구를 설립하는 것을 말한다. 이에 대해 1993년 빈 세계인권선언문은 각국에게, 가입한 국제 인권 규약을 헌법과 관련 법령에 반영해 시행하고, 독립적 국가 인권 기구를 설립해 정부에 국가 인권 정책 계획을 제시하고 그것을 감시할 것을 권고하고 있다.

20) Aryeh Neier, "Economic Sanctions and Human Rights", Samantha Power·Graham Allison (eds.), *Realizing Human Rights: Moving from Inspiration to Impact*(New York: St. Martin's Press, 2000), 307쪽.

21) International Commission on Intervention and State Sovereignty, *The Responsibility to Protect: Report of the ICISS*(Ottawa: International Development Research Center, 2001), 11쪽·31~39쪽.

22) Eric A. Heinze, "Humanitarian Intervention: Morality and International Law on Intolerable Violations of Human Rights", *International Journal of Human Rights*, Vol. 8, No. 4(2004년 겨울), 475~477쪽.

23) 이하 3세대 인권에 대해서는 서보혁, 《북한 인권: 이론, 실제, 정책》, 42~44쪽 참조.

24) 이와 관련해 2010년 3월 30일 국가인권위원회 주최 북한 인권 관련 토론회에서 필자는 "북한 인권의 실질적 개선을 위해서는 인도적 지원, 평화 정착, 개발 지원 등의 포괄적 접근이 필요하다"고 주장했다. 이에 대해 휴먼라이트워치Human Rights Watch 북한 담당 연구원 케이석Kay Seok 씨는 "국제 인권 단체는 인권만 다룬다"고 말했다. 그런데 인권감시협회는 2006년 9월 16일 몇몇 다른 단체들과 함께 유엔 안전보장이사회 이사국 대표들에게 향후 안보리에서 북한 인권 문제를 다뤄줄 것을 요청하는 서한을 전달한 바 있다. 북한 인권이 안보리에서 다룰 사안인지에 대해서는 별도의 논의가 필요하지만, 그 서한은 인권 문제가 국제 평화 및 안보 문제와 관련이 있음을 말해준다.

25) "Promotion of the right to democracy", Commission on Human Rights resolution 1999/57, E/CN.4/RES/1999/57, 28/04/1999.

26) 결의안 2003/35의 제목은 "민주주의의 필수적 요소로서의 대중 참여, 평등, 사회 정의 및 비차별 강화"이고, 결의안 2003/36의 제목은 "민주주의와 인권 간 상호 의존성"이다.

27) 15절은 특히 2002년 11월 25~26일에 열린 민주주의와 인권 관련 전문가 세미나에서 논의되었던 이슈들을 언급하고 있다. 이 세미나가 다룬 12개의 세부 이슈를 살펴보면 민주주의와 인권의 상호 연관성을 충분히 이해할 수 있을 것이다. 그것은 민주주의의 국제적 기준, 불평등과 빈곤이 민주주의에 미치는 영향, 공공 기관·공무원·정치 기구의 대표성·책임성·투명성·성실성 및 관리 메커니즘 등, 정당 활동 및 재정을 위한 민주주의적 필요조건, 민주주의에 영향을 미치는 경제적 요소들, 부패가 민주주의에 미치는 영향, 민주주의에 있어 소수자 및 소외 계층의 권리, 민주주의의 이행(성과)에 대한 벤치마킹, 민주 기구의 효율성과 활동성 증진, 인권 옹호 및 민주주의에 대한 시민 교육, 의회의 역할, 미디어의 역할 등이다.

28) A. Belden Fields, *Rethinking Human Rights for the New Millennium* (New York: Palgrave MacMillan, 2003), 151쪽·206쪽.

29) 이경주, 〈(1) 평화적 생존권, 전쟁위험 속 꽃핀 대항담론〉, 《인권오름》제1호(인권운동사랑방, 2006년 4월 26일).

30) Philip Alston·Mary Robinson (eds.), *Human Rights and Development: Towards Mutual Reinforcement* (London: Oxford University Press, 2005).

31) 2000년 유엔 총회에서 채택된 '새천년선언'은 2015년까지 다음 8개 과제의 달성을 위해 국제사회가 노력할 것을 천명했다. ① 절대빈곤 및 기아 퇴치, ② 보편적 초등교육 달성, ③ 성 평등 증진 및 여성의 역량 강화, ④ 아동 사망률 감소, ⑤ 임산부 건강 증진, ⑥ HIV/AIDS, 말라리아, 기타 질병 퇴치, ⑦ 지속 가능한 생태계 보호, ⑧ 개발을 위한 전 지구적 동반자 관계 발전. http://www.un.org/millenniumgoals/(검색일:

2010년 11월 20일).

32) Philip Alston, "Ships Passing in the Night: The Current State of the Human Rights and Development Debate Seen Through the Lens of the Millennium Development Goals", *Human Rights Quarterly*, Vol. 27, No. 3(2005년 8월), 755~829쪽.

33) Peter Uvin, *Human Rights and Development*(Bloomfield, CT: Kumarian Press, 2004), 177~178쪽.

34) 이금순,《대북 인도적 지원의 영향력 분석》(통일연구원, 2003), 4~7쪽.

35) 제8조는 다음과 같다. "8. Democracy, development and respect for human rights and fundamental freedoms are interdependent and mutually reinforcing. Democracy is based on the freely expressed will of the people to determine their own political, economic, social and cultural systems and their full participation in all aspects of their lives. In the context of the above, the promotion and protection of human rights and fundamental freedoms at the national and international levels should be universal and conducted without conditions attached. The international community should support the strengthening and promoting of democracy, development and respect for human rights and fundamental freedoms in the entire world."

36)《연합뉴스》(2010년 10월 6일 자).

37) 이런 분류를 북한 인권 논의에 적용한 경우로는 강명옥, 〈북한 인권과 국제사회: 개선전략과 비교분석〉(연세대학교 대학원 정치학과 박사학위 논문, 2006) 참조.

38) 국가인권위원회는 정책 집행 기구는 아니지만 북한 인권 실태와 관련 동향을 조사하고 여론을 수렴해 필요하다고 판단하는 정책을 정부에 권고하는 역할을 수행한다. 또 북한 인권을 둘러싼 국내 논의가 갈등 양상을 보인다는 점에서 소통과 이해의 장을 마련하는 것도 국가인권위

원회의 중요한 역할로 꼽을 수 있을 것이다.

39) 2008년 초 이명박 대통령직인수위원회가 독립 기구인 국가인권위원회를 대통령 직속 기구로 바꾸려고 하자 유엔 인권고등판무관실이 이의를 제기하는 서한을 보내는 웃지 못할 일이 있었다. 이를 "웃지 못할 일"이라고 말한 것은, 국가인권위원회는 파리인권헌장에 의거해 입법, 사법, 행정 3부로부터 독립된 "독립적 국가 기구"의 위상을 갖는 조직인데 인수위는 그것을 모르고 단지 위원회라는 이름만 보고 국가인권위원회를 대통령 직속 기구로 바꾸려고 했기 때문이다(위원회는 대부분 대통령이나 국무총리 직속이다).

40) 미국의 인권 정책을 '미국 예외주의'의 맥락에서 '이중 잣대'라고 비판한 논의는 Michael Ignatieff (ed.), *American Exceptionalism and Human Rights*(Princeton: Princeton University Press, 2005) 참조. 미국을 비롯한 강대국의 인권 정책에 대한 역사적 비판은 커스틴 셀라스, 《인권, 그 위선의 역사》, 오승훈 옮김(은행나무, 2002) 참조.

41) 2002년 일본 총리로서는 사상 처음으로 방북한 고이즈미 총리 앞에서 김정일 북한 국방위원장이 요코다 메구미 납치 사건을 공개 시인했다. 그때 북한은 메구미가 죽었다며 그녀의 유골을 일본 측에 돌려보냈으나, 유골의 진위 논란이 벌어지자 이후 일본에 대북 강경 여론이 조성되었다.

42) 보편적정례검토에 제출된 북한 정부의 보고서, 유엔 인권고등판무관실의 취합 보고서, 비정부 기구의 의견서 등 관련 자료는 《유엔 국가별 보편적정례검토(UPR)에 대한 북한의 국가 인권 보고서 및 우리정부, NGO, INGO 관련 자료집》(국가인권위원회, 2009)에서 볼 수 있다.

43) 남한이 자유권협약과 사회권협약에 가입한 것은 1990년이고, 북한은 1981년에 이 두 협약에 가입했다. 남한이 북한보다 먼저 가입한 국제 인권 규약은 인종차별철폐협약(1978년 가입)이다.

44) 수잔 숄티Suzanne Scholte가 이끄는 디펜스포럼재단Defense Forum Foundation, 미 행정부의 지원으로 북한인권국제대회를 열어온 프리덤하우스Freedom House, 그리고 허드슨연구소의 마이클 호로

위츠Michael Horowitz 연구원, 인권 컨설턴트인 데이비드 호크David Hawk 등이 6자회담에서 북한 인권을 의제로 삼아야 한다고 주장하고 있다.

45) 이 때문에 미국과 프랑스 등의 서방 국가들은 헬싱키협정이 추상적인 인권 보호 조항을 삽입하는 대가로 소련의 정치적, 군사적 영향권만 인정해줬다고 거세게 비난했다.

46) 북한인권시민연합의 윤현 이사장은 2006년 9월 15일 소피 리처드슨Sophie Richardson(휴먼라이트워치), 조엘 차니Joel R. Charny(레퓨지스 인터내셔널Refugees Internationl), 데브라 리앙 펜턴Debra Liang-Fenton(미국 북한인권위원회U.S. Committee for Human Rights in North Korea), 에이든 매케이드Aidan McQuade(국제노예제반대협회Anti-Slavery International) 등의 국제 인권 단체 인사들과 공동으로 작성한 서한을 유엔 안전보장이사회에 보냈다. 편지에는 향후 안보리에서 북한 인권 문제를 다뤄줄 것을 요청하는 내용이 담겨 있다. http://www.hrw.org/english/docs/2006/09/16/nkorea14198.htm (검색일: 2010년 11월 20일).

47) 성재호,《국제기구와 국제법》(한울아카데미, 2003), 274~276쪽.

48) 인권의 발달 과정을 역사적, 문화적, 사상적으로 설명한 탁월한 저작으로 Paul Gordon Lauren, *The Evolution of International Human Rights*(Philadelphia: University of Pennsylvania Press, 2003); 린 헌트,《인권의 발명》; 미셸린 이샤이,《세계인권사상사》, 조효제 옮김(길, 2005) 참조.

49) 인권에 대한 보편주의와 상대주의적 인식을 둘러싼 대표적인 논쟁은 리콴유 전 싱가포르 수상과 김대중 전 대통령 사이에 벌어진 논쟁이다. Fareed Zakaria, "A Conversation with Lee Kuan Yew", *Foreign Affairs*(1994년 3/4월); Kim Dae Jung, "Is Culture Destiny? The Myth of Asia's Anti-Democratic Values", *Foreign Affairs*(1994년 11/12월) 참조. 여기서 흥미로운 점은 보편주의적 인권관을 가진 김대중 전 대통령이 북한 인권에 대해서는 생존권 개선을 우선으로 하여, 남북관계 개

선을 통한 교류 협력으로 점진적으로 개선해나가는 정책, 곧 '햇볕정책'을 추진한 사실이다. 그렇다면 김대중 전 대통령이 북한 인권에 대해 보편주의의 허울을 쓴 상대주의적 접근을 했다고 말할 수 있는가? 필자는 김 전 대통령의 북한 인권 정책을 맥락적 보편주의, 혹은 약한 상대주의적 접근으로 평가할 수 있다고 본다.

50) 북한은 2009년 4월의 제9차 헌법 개정을 통해 "국가는⋯로동자, 농민, 근로인테리와 모든 근로 인민의 리익을 옹호하며 인권을 존중하고 보호한다"(제8조)라는 인권 보호 조항을 헌법에 처음으로 삽입했다.

51) 1947년 유엔의 세계인권선언문 준비를 지켜보던 미국 고고문화 인류학회는 '보편적'이라는 것은 서방의 가치이고, 인류학은 가치가 문화적으로 상대적이라고 가르치고 있기 때문에 '보편적' 선언은 전 세계에 유효할 수 없다는 성명을 채택한 바 있다. 그러나 이 성명은 인권의 보편성과 공동체의 문화적 특수성을 혼동하고 있다. American Anthropological Association, "Statement on Human Rights", *American Anthropologist*, Vol. 49, No. 4(1947). Eva Brems, *Human Rights: Universality and Diversity*(Hague: Martinus Nijhoff, 2001), 24쪽에서 재인용.

52) 이 표현은 잭 도널리Jack Donnelly가 분류한 네 가지 인권관 중의 하나인데, 인권은 전적으로 보편적이므로 문화나 역사적 차이에 비추어 보아도 어떤 수정도 할 수 없다는 극단적인 보편주의의 입장이다. 도널리의 네 가지 인권관 분류에 대해서는 잭 도널리, 《인권과 국제정치: 국제인권의 현실과 가능성 및 한계》, 박정원 옮김(오름, 2002), 73~74쪽 참조.

53) 잭 도널리, 《인권과 국제정치: 국제인권의 현실과 가능성 및 한계》, 75쪽.

54) 이 대목은 서보혁, 《북한 인권: 이론, 실제, 정책》, 275~279쪽을 수정·보완한 것이다.

55) 1980년대까지 정치사상적 이유, 1990년대 중반 이후에는 경제적 이유, 2000년대 들어서는 일부 삶의 질의 향상이라는 이유로 탈북의 성

격이 변화되어왔다. 2004년 6월 30일 국가인권위원회 주최로 열린 공청회 '재외 탈북자의 인권현황과 과제'에서 김귀옥 교수(한성대)의 토론 내용.

56) 이와 관련해 유엔 난민고등판무관실(UNHCR) 대변인은 "유엔 난민고등판무관실은 탈북자의 난민 지위 결정과 무관하다"며 "탈북자들은 이미 남한 국적을 받아 보호받을 수 있는 해결책이 마련돼 있기 때문에 별도의 난민 지위 결정 절차를 거칠 필요가 없다"고 언급한 바 있다. 이 대변인은 또 "탈북자가 남한 이외에 미국을 포함한 제3국에 가기를 희망할 경우 이들을 면담한 뒤 해당국 외교 공관에 보내줄 따름"이라며 "탈북자에게 난민 지위를 주고 자국에 재정착을 허용하는 일은 전적으로 해당국이 결정할 사안"이라고 밝혔다(《자유아시아방송(RFA)》, 2006년 5월 31일). 다만, 탈북의 일차적 발생 원인이 경제적 문제라고 하더라도 그것이 개선되지 않아 탈북 행렬이 지속되고 있다는 점, 그리고 그들 중 일부가 강제송환 및 송환 시의 처벌에 대해 두려움을 갖고 있다는 점을 고려하면 그들을 넓은 의미에서 난민으로 볼 수 있다는 지적도 적지 않다. 이를 두고 전문가들은 '현장난민refugee sur place'이라고 부른다.

57) 존 롤스, 《만민법》, 장동진 외 옮김(아카넷, 2009), 133쪽.

58) Thomas Risse·Stephen C. Ropp·Kathryn Sikkink (eds.), *The Power of Human Rights: International Norms and Domestic Change* (Cambridge: Cambridge University Press, 1999), 24~27쪽·33~34쪽.

59) 서보혁, 〈행위자간 협력을 중심으로 본 미국의 북한 인권 정책〉, 《북한연구학회보》제9권 제1호(2005년 여름), 328~329쪽.

60) 데이빗 호크, 《감춰진 수용소》, 이재광 옮김(시대정신, 2003).

61) 이에 대해서는 Thomas Risse·Stephen C. Ropp·Kathryn Sikkink, *The Power of Human Rights: International Norms and Domestic Change*, 4장과 6장 참조.

62) 서명은 국가를 대표하는 사람(가령 외교관)이 자국이 특정 국제조약에 동의한다는 뜻으로 자신의 이름을 써넣은 것으로서 국내법적인

효력을 갖지 않는다. 그에 비해 비준은 조약을 헌법상의 조약 체결권자가 최종적으로 확인·동의하는 절차로서 우리나라에서는 대통령이 국회의 동의를 얻어 행한다. 일반적으로 국제조약을 비준하면 그 조약은 국내법적인 효력을 갖는다. 국제 인권 조약은 그 조약을 비준한 나라가 35개국 이상 되어야 효력을 갖는데, 35번째 가입국의 비준서 혹은 가입신청서가 유엔 사무총장에게 기탁된 날로부터 3개월 후에 발효된다.

63) Human Rights Watch, "North Korea: Harsher Policies against Border-Crossers" (2007년 3월 5일). http://www.hrw.org/en/node/79004/section/2(검색일: 2010년 11월 20일).

64) 정부 차원의 종합적 인권 증진 정책의 수립을 목표로 국가인권위원회가 정부에 국가인권정책기본계획을 권고할 수 있다. 국가인권위원회는 2006년 1월 9일 전원위원회의 의결을 거쳐 향후 5년간의 국가인권정책기본계획을 발표했다. 이 계획에 담긴 인권의 범주에는 자유권은 물론 사회권과 소수자 권리도 포함되어 있다. 자세한 내용은 국가인권위원회 홈페이지를 참조하라. http://www.human rights.go.kr/02_sub/body02_v.jsp?id=671(검색일: 2010년 11월 20일).

65)《한국일보》(2006년 1월 18일 자). 유엔 사회권규약위원회는 2001년에 이어 2009년에도 한국 정부에 비정규직 노동자 차별 시정, 공무원·교사의 노동 3권 보장, 강제 철거 피해자 보상 등을 권고했는데 이 역시 한국의 인권 인식이 제한적임을 말해준다.《한겨레》(2009년 11월 26일 자).

66) 한국기독교총연합회 제21회 총회 선언문 중(2010년 1월 28일). http://www.cck.or.kr/(검색일: 2010년 11월 20일).

67) 한기총 창립에 참여한 주요 교단의 일부 인사들은 한교협의 통일선언과 문익환 목사의 방북에 친북좌경이라는 낙인을 찍어가며 격렬히 반발했다.

68) 길윤형,〈신사참배와 '사탄'의 탄생〉,《한겨레 21》제643호(2007년 1월 12일).

69)《크리스천투데이》(2010년 6월 11일 자).

70)《NK조선》(2010년 2월 23일 자).

71)《NK조선》(2010년 3월 16일 자).

72)《NK조선》(2004년 1월 28일 자).

73) American Anthropological Association, "Statement on Human Rights".

74) John P. Humphrey, *Human Rights and the United Nations: A Great Adventure*(New York: Transnational Publishers, 1984), 41쪽.

75)《연합뉴스》(2009년 12월 8일 자).

76) Michael Freeman, *Human Rights: An Interdisciplinary Approach* (Cambridge: Polity Press, 2002), 101~114쪽, 특히 114쪽.

77) 정진성,〈인권의 보편성과 특수성〉, 한국인권재단 엮음,《21세기의 인권 1권》(한길사, 2000), 93~118쪽.

78) 김대중·노무현 정부 때는 대규모 대북 인도적 지원과 이산가족 상봉(19,960명)으로 북한 주민의 생존권 보호와 인도적 문제 해결에 큰 진전이 있었지만, 이명박 정부 들어서는 인도적 지원이 대폭 축소되고 단발성 이산가족 상봉(2010년 11월 말 현재 두 차례의 1,718명)에 그치고 있다.

79) 북한과 유럽연합은 정치 대화를 진행해나가는 과정으로 2001년 6월 13일 벨기에 브뤼셀에서 인권 대화를 가진 바 있다.

80) 유럽연합이 북한과 가진 인권 대화는 도구주의적 접근 사례라기보다는 실질 개선형 사례라고 보는 것이 더 적절할 것이다.

81)《연합뉴스》(2009년 11월 3일 자).

82)〈북한인권법안(대안)에 대한 인권사회단체 의견서〉(2010년 4월 26일). 이 의견서에는 민주주의법학연구회, 민주화실천가족운동협의회, 안산노동인권센터, 원불교인권위원회, 인권운동사랑방, 참여연대, 천주교 인권위원회, 평화네트워크, 친구사이, 한국진보연대 등 총 10개의 시민·학술 단체가 참여했다.

83) 조효제,〈보수세력의 정상화는 언제 가능할까?〉,《창비주간논평》(2010년 7월 28일). http://weekly.changbi.com/470(검색일: 2010년

11월 20일).

84) Costas Douzinas, *Human Rights and Empire* (New York: Routledge, 2007) 참조.

85) 오리엔탈리즘에 대한 입장은 다양하지만 비서구 지역에 대한 서구인들의 편견과 차별에 대한 날카로운 지적은 Edward Said, *Orientalism* (New York: Vintage Book, 1979)[《오리엔탈리즘》, 박홍규 옮김(교보문고, 2007)] 참조. 북한 문제에 있어 서방의 오리엔탈리즘에 대한 비판은 구갑우, 〈북한인식의 정치적 회로―국제관계학의 오리엔탈리즘 비판〉,《정치비평》제10호(2003) 참조.

86) 북한 인권 운동 또는 북한 인권 관련 단체가 모두 반북 보수 성향이라는 말은 아니다.

87) 독립적 국가 인권 기구 수립은 1993년 12월 유엔 총회에서 채택된 '파리 원칙'에 근거하고 있다. '파리 원칙'은 국가 인권 기구 설립에 관한 국제사회의 보편적인 기본 준칙을 담고 있는데, 가령 "국가 인권 기구는 다른 국가권력으로부터 독립적 지위를 보장받기 위해 그 구성과 권한의 범위를 헌법 또는 법률에 의해 구체적으로 부여받아야 한다"라고 밝히고 있다. 이후 한국에서는 인권 단체를 중심으로 국가 인권 기구 설립 운동이 전개되었다. 국가인권위원회의 기본 업무는 인권 정책·법령·제도·관행에 대한 연구 및 개선 권고, 국가기관의 인권 침해에 대한 조사 및 구제, 차별 행위에 대한 조사 및 구제, 인권 홍보 및 국내외 단체와의 협력 등이다. 국가인권위원회 홈페이지(www.humanrights.go.kr) 참조.

88) 나머지 3개의 핵심 협약은 단결권 및 단체교섭권 원칙의 적용에 관한 협약(98호), 강제 근로에 관한 협약(29호), 강제 근로의 폐지에 관한 협약(105호)이다.

89) "Republic of Korea National Report", 국가인권위원회 엮음,《한국의 유엔 보편적정례검토 보고에 대한 토론회》(2008년 4월 23일, 국가인권위원회) 자료집, 1~44쪽에서 인용.

90) 국가인권위원회 국제인권팀이 위원회 홈페이지에 올린 자료이다.

자료는 2009년 1월 기준으로 되어 있으나 필자가 인권위 측에 문의한 결과 2010년 7월 29일 현재까지 변동 사항이 없다고 확인되었다.

91) 정부는 여성 인권 신장의 예로 여성부 신설, 여성발전기본법 제정, 여성 정책 기본 계획 수립, 국회의원 비례대표 50% 이상 여성 공천 할당제, '성폭력방지 및 피해자 종합대책' 마련 등을 꼽고 있다. 국가인권위원회 엮음,《한국의 유엔 보편적정례검토 보고에 대한 토론회》, 39쪽.

92) Compilation Prepared by the Office of the High Commissioner for Human Rights in Accordance with Paragraph 15(B) of the Annex to Human Rights Council Resolution 5/1, 25 March 2008(문서번호: A/HRC/WG,6/2/KOR/2).

93) 본문의 일부는 민주화를 위한 변호사모임, 참여연대, 한국여성단체연합 등이 한국 정부의 보편적정례검토 보고서에 대해 인권고등판무관실에 제출한 의견서의 요약본을 참고한 것이다. 국가인권위원회 엮음,《한국의 유엔 보편적정례검토 보고에 대한 토론회》, 91~101쪽.

94)《노컷뉴스》(2010년 4월 23일 자).

95)《메디컬투데이》(2010년 6월 25일 자).

96) 2010년 10월 현재 여성가족부와 보건복지부가 있기 때문에 이 비판은 그 이전의 두 부처 통합 과정에 대한 것이다.

97) 한국은 인구 10만 명당 21.5명꼴의 자살 사망률을 보인다. 경제협력개발기구(OECD) 회원국 평균은 11.1명이었다. 특히, 1990년부터 2006년 사이 한국의 자살 사망률은 무려 172%나 늘어난 것으로 나타났다. 경제협력개발기구는 "자살은 한 인구 집단의 정신 건강 상태를 측정하는 대리 지표로 쓰인다"며 "최근 경기 침체와 사회 통합의 약화, 노년층에 대한 전통적인 가족 기반의 쇠퇴가 한국의 자살률 증가로 이어졌다"고 분석했다.《매일노동뉴스》(2010년 6월 17일 자).

98) 이명박 정부 들어 집회·결사·언론의 자유를 과도하게 제한한 사례로는 인터넷 논객 '미네르바' 구속, 인터넷 게시물 삭제, 인터넷 실명제 추진, 공무원의 의사 표현 제한, 공영 방송의 독립성 훼손, 서울광장 이용 제한, 촛불집회에 대한 과잉 진압 등을 들 수 있다. 이상은 프랭크

라 뤼Frank La Rue 유엔 표현의 자유 특별보고관의 지적 사항이기도 하다.《경향신문》(2010년 5월 17일 자).

99)《경향신문》(2010년 4월 28일 자).

100) 이에 대해 당시 한국 정부 대표는 "촛불집회 제기 관련, 합법적이고 평화적인 시위를 최대한 보장하나, 불법 폭력 시위에 대해서는 국민의 안전 등을 위해 필요한 조치"를 취할 것이라는 요지의 발언을 했다. 그러나 인권 사회 단체들은 촛불시위 참석자들에 대한 경찰의 과잉 진압과 무리한 기소가 표현의 자유를 침해했다고 주장해왔다.

101) 외교통상부 인권사회과,《국가별 정례인권검토(UPR) 심의 결과 보고서》(2008년 6월), 24~27쪽.

102) 국가인권위원회 엮음,《유엔 국가별 정례인권검토(UPR)에 대한 북한의 국가 인권 보고서 및 우리정부, NGO, INGO 관련 자료집》(국가인권위원회, 2010).

103) Amnesty International, *The Crumbling State of Health Care in North Korea*(London: Amnesty International Publications, 2010).

104) 비정부 기구들이 인권고등판무관실에 접수한 북한 인권 관련 문서는 인권고등판무관실 웹사이트(www.ohchr.org)에서 열람 가능하다.

105) 북한은 1999년 형법을 개정해 사형 대상 죄목을 국가전복음모죄, 조국반역죄, 테러죄, 민족반역죄, 고의적중살인죄 5개로 줄인 것으로 알려졌고, 2004년 개정 형법에서는 5개 사형 죄목을 유지한 채 사형 조문상의 개별 구성 요건을 보다 명확히 하는 방향으로 개정하려는 노력을 보여주었다. 북한 인권 단체들은 5개 사형 죄목 중 테러죄를 제외한 4개를 정치적 판단에 따른 자의적 법 적용이 가능한 것으로 보고 있다. 이금순 외,《북한 인권백서 2009》(통일연구원, 2009), 42~43쪽.

106) 다섯 가지 배경 설명 중 네 번째를 제외한 네 가지는 서보혁,〈남북한 인권에서 코리아 인권으로〉,《역사비평》88호(2009년 여름), 169~170쪽에서 단초가 언급된 바 있다.

107) 분단 체제의 형성과 변화에 대해서는 백낙청,《흔들리는 분단

체제》(창작과비평사, 1998); 박순성, 〈분단체제와 변혁운동: '분단체제론'의 비판적 이해를 위하여〉,《동향과 전망》제24호(1994), 159~189쪽 참조.

108) 박경서·이나미,《WCC창으로 본 70년대 한국민주화 인식》(지식산업사, 2010); 전재호,《반동적 근대주의자 박정희》(책세상, 2000).

109) 이하 내용은 서보혁, 〈남북한 인권에서 코리아 인권으로〉, 160~161쪽. 북한의 인권관에 대한 상세한 설명은 서보혁,《북한 인권: 이론, 실제, 정책》, 142~148쪽 참조.

110) 북한의 상대주의적 인권관에 대한 비판은 김기환,《상대주의와 북한 인권》(평화나무, 2009), 제3장 참조.

111) 근대 한국의 자유주의 도입과 자유민주주의의 전개에 대해서는 이나미,《한국 자유주의의 기원》(책세상, 2001); 송병헌·이나미·김면회,《한국 자유민주주의의 전개와 성격》(민주화운동기념사업회, 2004) 참조.

112) 김정일, 〈인민대중중심의 우리식 사회주의는 필승불패이다(1991년 5월 5일)〉,《김정일선집 11》(조선로동당출판사, 1997), 55쪽.

113) 북한의 국권론은 부시 행정부의 대북 강경 정책에 대한 반작용이라 할 수 있다. 예를 들어 2003년 북한 외무성 대변인은 미 국무부가 연례 세계 인권 보고서 발표를 통해 북한 인권 상황을 비난하고 나선 것에 대해 "우리의 국권을 어째보려는 가소로운 술책"이라고 비난한 바 있다.《연합뉴스》(2003년 4월 3일 자).

114) 조백기, 〈한나라당의 '북한 인권' 관련 법안에 대한 인권적 해석〉,《민주법학》제39호(2009년 3월), 162~207쪽.

115) 1991년 12월 13일 남북한 총리가 서명한 남북기본합의서는 적대와 대립으로 점철해온 남북관계를 화해와 협력의 방향으로 전환하기로 한 선언으로, 통일을 한민족의 공동 번영을 위한 과정으로 보고 한반도 문제 해결에서 남북한 당사자 해결 원칙을 천명했다. 합의서 제1조는 "남과 북은 서로 상대방의 체제를 인정하고 존중한다", 제2조는 "남과 북은 상대방의 내부 문제에 간섭하지 아니한다"이다.

116) 국가인권위원회, 〈북한인권법 제정촉구 권고 결정문〉(2010년 5월 19일).

117) 홍성필, 〈아·태지역 인권기구의 설립: 전망과 과제〉,《국제인권법》1호(국제인권법학회, 1998), 344~345쪽.

118) 이동윤, 〈동남아의 인권 현황과 인권 정책: 지역협력을 중심으로〉, 한국국제정치학회 연례학술회의 발표문(2009년 12월 11일, 한양대).

119) 국군 포로와 납북자 실태에 대한 정확한 파악은 북한의 협조가 없는 상태에서는 어렵다. 가령, 남한 정부에 의해 전사자로 처리됐던 6·25 참전 국군 4명이 2010년 북측 이산가족 상봉 신청자 명단에 포함되었다.《연합뉴스》(2010년 10월 31일 자).

120) 이명박 정부는 전임 정부의 '조용한 외교'에 바탕을 둔 탈북자 정책이 소극적이었다고 평가하고, 특히 납북자와 국군 포로 문제 해결에 적극적으로 임하겠다고 밝혔으나, 남북관계 경색으로 큰 성과를 거두지 못하고 있다. 다만, 2009, 2010년 각각 한 번씩 있었던 이산가족 상봉 행사에 납북자, 국군 포로 출신 이산가족을 포함시킨 것으로 알려졌는데 이는 노무현 정부 때부터 해온 방식이다.

121) 2010년 10월 5일 통일부는 중국에 탈북자들이 10만 명 정도 있을 것으로 추정한다고 밝혔다. *NORTH KOREA NEWS-LETTER*, NO. 126(2010년 10월 7일).

122) 한반도 인권회의 준비모임은 현재 해소되었고,《한반도 인권 뉴스레터》는 19호까지 발간되었는데 인권운동사랑방과 천주교 인권위원회의 공동 명의로 발간되고 있다. 이들이 작성한 북한 인권 관련 보고서는 인권운동사랑방 북한 인권 자료실에서 볼 수 있다. http://sarangbang.or.kr/bbs/list.php?board=north-pds(검색일: 2010년 11월 20일).

123) 〈'인권'이라는 이름의 '북한인권법'의 비극〉,《한반도 인권 뉴스레터》준비 8호(2008년 4월 10일). 출처는 위와 같음.

124) 인도적 지원의 특징이 무조건성의 원칙이라고 한다면 비인도적

지원의 특징으로는 연계성의 원칙을 꼽을 수 있다. 비인도적 지원에서는 지원 공여국이 지원을 활용해 수혜국에 대해 어떤 목적의 달성을 추구할 수 있다. 인도적 지원을 비인도적 지원으로 전환할 경우, 생존을 다투는 위급한 상황과 관련된 문제가 정치적 목적 달성의 수단으로 변질될 우려가 있다. 본문의 표현은 이런 우려를 지적하는 것으로 이해된다.

125) 〈이명박 정부의 대북 정책 전망과 비판〉, 《한반도 인권 뉴스레터》 준비 7호(2008년 1월 22일).

126) 〈'북한 인권 단체', 그 모순의 이름〉, 《한반도 인권 뉴스레터》 11호(2009년 5월 6일); 〈참을 수 없는 어떤 '인권의 보편성'의 가벼움〉, 《한반도 인권 뉴스레터》 준비 10호(2008년 10월 21일).

127) 천주교 인권위원회·평화네트워크·인권운동사랑방, 〈조선민주주의인민공화국의 유엔 국가별 인권 상황 정기검토(UPR)에 대한 NGO 보고서〉(2009년 4월 20일), 국가인권위원회 엮음, 《유엔 국가별 정례 인권검토(UPR)에 대한 북한의 국가 인권 보고서 및 우리정부, NGO, INGO 관련 자료집》, 92~98쪽.

128) 〈우려스러운 북의 단일민족관〉, 《한반도 인권 뉴스레터》 준비 5호(2007년 9월 5일).

129) 〈선군정치가 빠질 함정, 군사주의〉, 《한반도 인권 뉴스레터》 13호(2009년 9월 3일).

130) 〈한반도에서 자유권을 말하기 위하여〉, 《한반도 인권 뉴스레터》 16호(2009년 11월 6일).

131) 〈'정치범 수용소'와 '공개처형' 문제를 둘러싼 북한 인권 ②〉, 《한반도 인권 뉴스레터》 18호(2010년 2월 9일).

132) 〈'탈북자' — 분단 모순이 낳은 경계인, 남한에 먼저 온 미래?〉, 《한반도 인권 뉴스레터》 15호(2009년 10월 14일).

133) 〈'납북자' 문제 어떻게 접근해야 할까〉, 《한반도 인권 뉴스레터》 준비 6호(2007년 11월 9일).

134) 〈인권보장을 향한 첫걸음, 대북지원〉, 《한반도 인권 뉴스레터》 준비 4호(2007년 8월 10일).

135) 국제 인권 선언과 협약은 특정 국가 혹은 지역의 인권 개선을 위한 국제사회의 역할을 보통 '지지support'라고 표현하고, 인권고등판무관실의 대표적인 인권 개선 메커니즘은 '기술 협력'이다. 기술 협력에 관해서는 Cees Flinterman·Marcel Zwamborn, *From Development of Human Rights to Managing Human Rights Development* (Netherlands Institute of Human Rights, 2003년 9월) 참조. http://www.ohchr.org/Documents/Countries/global-reviewsynthesis.pdf(검색일: 2010년 11월 20일).

136) "A more secure world: Our shared responsibility", Report of the Secretary-General's high-level Panel on Threats, Challenges, and Change, 2004. http://www.un.org/secureworld/(검색일: 2010년 11월 20일).

137) 서보혁, 〈북한 인권 개선을 향한 제3의 길: 이중접근에 대한 시론적 논의〉, 이화여대 통일학연구원 주최 2009 춘계학술회의 발표문(서울, 2009년 5월 29일) 참조.

138) 이대훈, 〈비갈등적 북한 인권 개입〉, 한국인권재단 주최 2008 제주인권회의 발표문(제주, 2008년 6월 28일).

139) 헬싱키협정에서 합의된 참가국 간 관계를 규율할 10대 원칙 Decalogue은 다음과 같다. ① 주권 평등 및 국가주권에 기초한 권리들의 존중, ② 위협 또는 무력 사용 배제, ③ 국경의 불가침, ④ 영토의 통합성 보장, ⑤ 분쟁의 평화적 해결, ⑥ 국내 문제 불간섭, ⑦ 사상, 양심, 종교 및 신앙의 자유를 포함한 인권 및 기본적 자유의 존중, ⑧ 인민의 평등권과 자결권, ⑨ 국가 간의 협력, ⑩ 국제법상 신의 의무 준수.

140) Arie Bloed (ed.), *The Conference on Security and Co-operation in Europe: Analysis and Basic Documents, 1972~1993* (London: Kluwer Academic Publishers, 1993); 김병로, 《북한 인권 문제와 국제협력》(민족통일연구원, 1997) 참조.

141) 1975년 8월 1일 채택된 헬싱키협정은 안보, 경제·과학·기술·환경 협력, 인도적 협력이라는 3개 분야basket로 구성되어 있다. 그중 바

스켓 I에 참가국 상호 관계를 규율하는 10대 원칙이 제시되어 있다. 헬싱키협정 체결 과정과 그 의의에 대해서는 김수암, 〈헬싱키 최종의정서의 의의와 특징: 인권의제를 중심으로〉,《평화연구》제17권 1호(2009), 32~57쪽; 서보혁, 〈북한인권관련 헬싱키구도의 적용가능성 연구〉,《국제문제연구》제7권 제1호(2007), 101~140쪽 참조.

142) 동북아에서 중국이라는 변수가 냉전 시기 소련이라는 변수를 대신해 북한에 세력 균형을 제공하고 있는지에 대해서는 논의가 필요하고, 필자 역시 이에 대해 쉽게 긍정하기 어렵다. 왜냐하면 북한 문제에 관한 한 중국은 미국과 이익 상관자stakeholder의 위치에 있기 때문이다. 박홍서, 〈탈냉전기 중미간 '협조체제'의 출현?〉,《국제정치논총》제47집 3호(2007), 77~97쪽 참조.

143) 물론 창피 주기식 접근이 전혀 무용한 것은 아니다. 이는 인권 침해 사실이 잘 알려져 있지 않거나, 인권 침해국 정권이 인권 침해 사실을 부인할 경우 국제사회에는 관심을, 인권 침해국 정권에는 경각심을 불러일으키는 데 유용하다. 북한 인권 문제의 경우 이 접근이 유용할 단계는 이미 지났으며, 실질적 개선 방법을 갖고 접근할 때라는 것이 필자의 판단이다.

박경서, 《지구촌 시대의 평화와 인권》(나남, 2009)

수십 년간 국제 인권 기구와 국가 인권 기구에서 활동한 필자의 경험을 바탕으로 인류의 공통 가치인 평화, 인권, 지속 가능한 발전 등에 관한 개념과 국제기구의 발전 과정을 소개하고, 세계 각지의 분쟁과 한국의 인권 현실을 분석한 뒤 청년들에게 한반도 평화·통일의 비전을 제시한다. 특히 국가 인권 기구의 위상과 역할, 그것이 국제 인권 레짐과 갖는 연관성에 대해서 상세히 논하고 있다.

서보혁, 《북한인권: 이론, 실제, 정책》(한울, 2007)

책의 부제에서 알 수 있듯이 북한 인권 문제에 대한 체계적 이해와 인권 개선 방안을 다각적으로 모색하고 있는 책이다. 북한 인권에 접근하는 전제로서 국제 인권 레짐을 소개한 뒤 그것을 바탕으로 북한의 인권 실태와 국제 사회의 북한 인권 정책을 평가하고 다양한 역사적 경험과 전략을 검토하며 개선 방향을 제시하고 있다. 《코리아 인권》은 이 책의 후속편으로서 남한이 북한 인권 개선에서 차지하는 역할과 위상에 주목하여 기존의 접근을 성찰하고 대안적 접근 방향을 제시한다.

정태욱, 《한반도 평화와 북한인권》(한울, 2009)

법철학자인 필자가 그동안 한반도 문제에 관심을 두고 연구해온 결과물을 집대성한 책이다. 국제정치에는 두 가지 자유주의가 있다고 전제한 뒤 우리 사회에서는 한반도 평화와 북한 인권 문제에 대해 공격적인 '근본주의적 자유주의'가 논의를 주도함에 따라 '자유주의적 자유주의'에서는 건전한 논의가 미흡하다고 지적한다. 기존 논의에 대한 비판과 진정성 있는 대안을 탐색하며 북한 인권에 대한 관점, 접근 방법, 개선 가능성을 다루고 있다.

조효제, 《인권의 풍경》(교양인, 2008)

국내의 대표적인 인권 연구자인 필자가 2006년 미국 체류 경험과 2008년 이후 한국 사회의 현실을 다룬 인권 평론집이다. "'지켜야 할 최소'가 지켜지는 세상"을 염원하는 소박한 정치적 견해를 바탕으로 촛불집회 이후 우리 사회의 자화상을 차분하면서도 자상하게 성찰하고 있다. 필자는 인권 운동의 목표가 고정불변이 아니고 인권 운동의 방법이 국가 단위를 넘어서고 있음을 지적하면서, 인권이 "사회적 고통을 해결하는 치유제"임을 강조한다.

경남대 극동문제연구소, 《북한인권 개선을 위한 중장기 정책 및 로드맵 구축》(국가인권위원회, 2010)

2010년 국가인권위원회의 인권용역 실태조사사업의 일환으로 북한 및 인권 전문가 13명이 참여해 수행한 연구의 결과물이다. 북한 인권 관련 기존 정책과 논의, 그리고 관련 이론과 해외 사례를 종합적으로 검토한 후 이슈 및 단계를 고려해 북한 인권 정책 대안을 제시한 최초의 통합 로드맵이다. 이 연구에서 북한 인권은 북한 내의 인권, 탈북자, 이산가족, 국군 포로, 납북자의 인권을 포함하고 있고, 통합 로드맵은 법제도적인 대안까지 담고 있다.

Thomas Risse·Stephen C. Ropp·Kathryn Sikkink (eds.), *The Power of Human Rights: International Norms and Domestic Change* (Cambridge: Cambridge University Press, 1999)

국제 인권 규범이 어떻게 한 나라의 인권 상황을 변화시키는지를 실증하고 있는 대표적인 국제 인권 정치 사례 연구이다. 8명의 전문가들이 11개 권위주의 국가를 사례로 국가권력 – 시민사회 – 초국적 네트워크라는 틀과, 억압 – 부인 – 전술적 양보 – 제도화 – 습관화라는 5단계 나선형 모델을 이용해 인권 개선 과정을 추적하고 있다. 이 책의 핵심은 일국의 시민사회와 초국적 네트워크의 연합이 권위주의 국가권력의 인권 탄압을 물리칠 수 있다는 것이다. 때로는 퇴행이 있지만 말이다. 연구 사례에는 폴란드, 체코슬로바키아와 같이 공산국가도 포함되어 있다.

코리아 인권 — 북한 인권과 한반도 평화

초판 1쇄 발행 2011년 1월 12일
개정 1판 1쇄 발행 2022년 12월 23일
개정 1판 2쇄 발행 2024년 7월 19일

지은이 서보혁

펴낸이 김준성
펴낸곳 책세상
등록 1975년 5월 21일 제2017-000226호
주소 서울시 마포구 동교로23길 27, 3층 (03992)
전화 02-704-1251
팩스 02-719-1258
이메일 editor@chaeksesang.com
광고·제휴 문의 creator@chaeksesang.com
홈페이지 chaeksesang.com
페이스북 /chaeksesang   **트위터** @chaeksesang
인스타그램 @chaeksesang   **네이버포스트** bkworldpub

ISBN 979-11-5931-745-3 04080
        979-11-5931-400-1 (세트)